AF502856

ORDRE DE SERVICE N° I.

PERSONNEL.

NOMINATION ET REVOCATION DES AGENTS.

Les Agents de tous grades admis dans le personnel à titre définitif pour la durée des travaux sont nommés, licenciés et révoqués par le Président-Directeur, ses fondés de pouvoir ou ses délégués.

Les nominations sont constatées par des lettres d'engagement dans lesquelles sont spécifiées les conditions d'emploi de chacun et les fonctions auxquelles il est destiné. Elles sont signées par le Président-Directeur, ses fondés de pouvoir ou ses délégués.

Ces lettres d'engagement peuvent être signées par le Représentant ou le Directeur des Travaux, mais seulement en vertu d'une autorisation spéciale à chaque cas, donnée sur leur proposition motivée par le Président-Directeur, ses fondés de pouvoirs ou ses délégués.

Le Représentant ou le Directeur des Travaux pourront, en outre, lorsque la nécessité d'assurer la marche du service l'exigera, engager provisoirement des Agents jusqu'au grade de Sous-Chef de section inclusivement, mais ils devront adresser immédiatement leurs propositions motivées à l'Administration Centrale et les Agents ainsi engagés ne seront définitivement admis dans le personnel, qu'après autorisation et ratification de l'Administration Centrale, comme ci-dessus.

Il sera tenu à l'Administration Centrale un dossier spécial pour chaque Agent; la Direction devra donc lui transmettre tous documents et renseignements utiles pour tenir ces dossiers au courant.

PRESCRIPTIONS GENERALES CONCERNANT LES DEVOIRS DES AGENTS.

Les Agents doivent tout leur temps à la Régie Générale, et ne peuvent s'occuper à aucun titre d'affaires étrangères à leur emploi. Ils ne peuvent tenir ni cantines, ni pensions d'ouvriers, ni faire aucun commerce.

Il leur est interdit, de la manière la plus absolue, et sous peine de révocation immédiate, sans préjudice des actions judiciaires dont ils seraient passibles, de s'intéresser dans les marchés passés entre les entrepreneurs, tâcherons, fournisseurs, et de recevoir d'eux aucune remise sous quelque forme que ce soit.

Il leur est expressément défendu de se servir des garçons de bureau et porte-mires, pour l'intérieur des ménages, et d'employer, à leur service personnel, des ouvriers salariés par la Régie Générale, de disposer pour leur usage particulier d'aucun objet appartenant à la Société, même de ceux provenant des déchets du matériel et des ateliers, tels que: bois, charbon, pétrole, ferrailles, meubles, etc., sans une autorisation spéciale de l'Ingénieur en Chef.

FOURNITURES DE BUREAU.

Les fournitures de bureau, telles que: instruments, papier, carnets, imprimés, encre, sont faites en nature par les soins de la Direction.

Les plumes, crayons, couleurs, gommes, menus ustensiles restent au compte des Agents.

DEPENSES DIVERSES DE SERVICE.

Les frais de poste et de télégraphe, le chauffage et l'éclairage des bureaux des divisions, dépôts, sections et sous-chefs isolés, ainsi que les petites dépenses courantes, seront à la charge de la Régie Générale et remboursés mensuellement sur mandat auquel on annexera les factures acquittées des fournisseurs.

PAIEMENTS ET ENCAISSEMENTS.

Aucun Agent, autres que les Caissiers et Payeurs, ne peuvent payer ou recevoir des sommes d'argent pour le Compte de la Régie Générale, à moins d'autorisation spéciale de la Direction.

RESPONSABILITE DES AGENTS.

Les Agents sont responsables, et au besoin pécunièrement, des doubles emplois et des erreurs existant sur les états dressés et fournis par eux, ainsi que des conséquences de leurs fautes ou de leur négligence.

Ils doivent être présents à la paye des états dressés par eux, pour reconnaître les ayants droit et recevoir les réclamations s'il y a lieu.

MESURES DISCIPLINAIRES.

Lorsqu'il y aura lieu de prendre vis-à-vis d'un Agent des mesures disciplinaires ou autres, devant avoir pour résultat de modifier ou d'annuler les termes de son engagement, notamment si elles entraînaient le licenciement ou la révocation, la Direction devra en référer par un rapport motivé à l'Administration Centrale et lui adresser ses propositions, qui ne devront être mises à exécution qu'après approbation donnée, après examen des faits, par le Président-Directeur, ses fondés de pouvoirs ou ses délégués.

Toutefois, lorsque la Direction jugera que la gravité des faits exige la cessation urgente du service de l'Agent incriminé, elle pourra sous sa responsabilité, le suspendre momentanément de ses fonctions, en référer de suite à l'Administration Centrale au moyen d'un rapport circonstancié de nature à l'éclairer complètement et à la mettre à même de donner une décision définitive, qui, dans tous les cas, doit lui être réservée.

AVANCEMENT, AUGMENTATION DE TRAITEMENT, GRATIFICATIONS.

La Direction soumettra à l'Administration Centrale toutes les propositions d'avancement de grade ou de classe, d'augmentation de traitement, de gratification. Ces propositions ne peuvent avoir de suite qu'après avoir été approuvées, par écrit, par le Président-Directeur, ses fondés de pouvoirs ou ses délégués.

En dehors de cas tout à fait spéciaux, et qui seraient alors traités par correspondance spéciale, ces propositions ne doivent pas être faites isolément, mais bien pour l'ensemble d'un service et à des occasions déterminées, intéressant l'ensemble du personnel d'un service, comme par exemple l'achèvement des études ou la livraison d'une section.

LICENCIEMENTS NORMAUX.

La Direction doit prévoir d'avance les licenciements qui seraient la conséquence de la marche normale et de l'achèvement des opérations, et faire, en temps utile, ses propositions pour chaque Agent, en tenant compte de sa lettre d'engagement, de la durée de ses fonctions, de la nature et de la valeur des services rendus, et elle ne devra procéder à sa liquidation qu'en vertu des autorisations ou instructions qui lui auront été données par le Président-Directeur, ses fondés de pouvoirs ou ses délégués.

CERTIFICATS.

La Direction se réserve, en général, le droit de délivrer des certificats aux personnes ayant servi la Régie Générale.

Ces certificats seront dressés dans la forme générale suivante:

M. . . . ., né le . . . ., à . . . ., a été employé par la Régie Générale en qualité de . . . ., du . . . ., au . . . . sur les travaux de la ligne de. . . . ., où il a été chargé de . . . .

. . . .

(Suivent les appréciations s'il y a lieu.)

Les propositions pour la délivrance des certificats sont faites par les Chefs de Section, aux Ingénieurs en Chef, qui adresseront, en temps utile, à la Direction, le projet définitif du certificat.

On ne pourra ni proposer, ni délivrer de certificats aux agents ou tâcherons des entrepreneurs.

INFORMATIONS A FOUNIR A L'ADMINISTRATION CENTRALE.

La Direction répartira le personnel dans les différents services, conformément aux besoins des travaux, mais il est d'un intérêt essentiel que l'Administration Centrale soit toujours informée de la situation et de l'emploi de ce personnel.

En conséquence, la Direction devra adresser à l'Administration Centrale au début des opérations, et ensuite par semestre, généralement au 30 juin et au 31 décembre, ou à d'autres dates si un mouvement important de personnel avait lieu, un Tableau général du personnel suivant modèle n° 124.

Dans l'intervalle, toutes les mutations survenues doivent être portées à sa connaissance par la voie du Rapport Mensuel.

REMISE DE DOCUMENTS AUX AGENTS.

En dehors du présent Règlement, les Agents qui seront désignés par l'Ingénieur en Chef recevront, pour les besoins de leur service, les collections imprimées des instructions pour l'exécution des travaux, des types d'ouvrages, des modèles de plans, des métrés et autres qui *resteront propriété* de la Régie Générale.

Reçu des documents remis sera donné par chaque Agent qui en sera responsable et devra les restituer au moment de sa liquidation.

DISTINCTIONS HONORIFIQUES.

Lorsque la Direction jugera, soit en raison de cas particuliers, soit à cause de l'achèvement des lignes, qu'il convient de solliciter, pour un ou plusieurs Agents, des distinctions honorifiques, elle devra préalablement soumettre ses propositions et aucune démarche ne devra être entreprise avant que l'autorisation n'en ait été donnée par le Président-Directeur, qui se réserve d'arrêter définitivement les listes.

ORDRE DE SERVICE N° 2.

DIRECTION.

(REPRESENTANT ET DIRECTEUR DES TRAVAUX)

Pour chaque ligne dont la Régie Générale assume la construction, il sera institué une Direction composée:

Du Représentant,

Du Directeur des Travaux.

DIRECTION.

La Direction est chargée de représenter la Régie Générale vis-à-vis de la Société concessionnaire, des Administrations du gouvernement et des tiers. Elle reçoit ses instructions de M. le Président-Directeur de la Régie Générale, de ses fondés de pouvoirs ou de ses délégués et pourvoit aux services techniques et administratifs de l'entreprise.

REPRESENTANT.

Le Représentant est principalement chargé de pourvoir:

1° A la correspondance et aux rapports avec la Société concessionnaire;

2° A la correspondance et aux rapports avec les Autorités Gouvernementales, soit directement, soit par l'intermédiaire de la Société concessionnaire;

3° A la révision et à la présentation à la Société concessionnaire des situations mensuelles dressées par le Directeur des Travaux;

4° A la correspondance financière avec l'Administration Centrale et les tiers, et à la transmission à celle-ci de tous documents ou pièces comptables fournies par la Direction des Travaux;

5° Au mouvement de fonds nécessaires aux travaux (encaissements et remises aux services intéressés);

6° A la poursuite et à la liquidation des affaires contentieuses.

Le Représentant contresigne les contrats préparés par le Directeur des Travaux, il autorise les dépenses que celui-ci propose en dehors des contrats et états déjà approuvés.

D'une façon générale, le Représentant exerce son contrôle sur tous les services techniques et administratifs.

En cas d'absence, il sera remplacé par le Directeur des Travaux, auquel il déléguera la signature pour le retrait des fonds.

DIRECTEUR DES TRAVAUX

Le Directeur des Travaux est chargé de pourvoir aux opérations suivantes:

1° Etudes générales et projets de toute nature;

2° Présentation des projets à la Société concessionnaire et au Gouvernement, conformément aux instructions qui lui sont données par l'Administration Centrale;

3° Exécution des travaux en général;

4° Correspondances techniques avec l'Administration Centrale, devis, rapports;

5° Commandes, par l'intermédiaire de l'Administration Centrale, du matériel et des matières à importer de l'étranger pour l'exécution des travaux;

6° Réception du matériel et des matières importées et transport sur la ligne;

ORDRE DE SERVICE N° 5.

CHEFS DE COMPTABILITE,
COMPTABLES, AIDES-COMPTABLES, CAISSIERS.

La Comptabilité proprement dite des travaux est tenue à la Direction, qui dispose à cet effet du Service de comptabilité dont il est question à l'Ordre de Service n° 2.

CHEFS DE COMPTABILITE.

Le Chef de comptabilité, placé directement sous les ordres de la Direction des Travaux, est chargé de la comptabilité spéciale des travaux, ainsi que de la correspondance financière.

Il est le dépositaire des originaux de tous les marchés, baux et contrats passés par la Direction des Travaux, avec les Entrepreneurs et les tiers.

Il contrôle directement, ou par délégation, les caisses et les écritures des Caissiers et Payeurs.

Il prépare, mensuellement, la demande de fonds à adresser à l'Administration Centrale. Cette demande de fonds est le résumé des états de prévisions des dépenses présentés par les Ingénieurs en Chef après vérification et rectification, s'il y a lieu, par la Direction des travaux.

En général, il assure, sous le contrôle du Directeur des Travaux, la bonne tenue de la Comptabilité, et la stricte observation, de la part de tous, des instructions sur la Comptabilité.

COMPTABLES.

Les Comptables attachés à la Direction des Travaux sont placés sous les ordres du Chef de la Comptabilité, pour l'aider dans l'accomplissement de ses fonctions, d'après ses instructions.

CAISSIERS.

Le Caissier est chargé de la caisse principale de l'Entreprise.

Il est responsable des fonds qui lui sont confiés.

Il est soumis au contrôle du Chef de la comptabilité qui vérifie la caisse, aussi souvent qu'il le juge nécessaire et au moins une fois par mois, en présence du Directeur des Travaux ou de son délégué, et dresse procès-verbal de cette vérification.

Il remet aux Payeurs, contre récépissés, les sommes nécessaires au service, dont le montant lui est indiqué par le Chef de la comptabilité.

Il tient un livre de caisse sur lequel il inscrit:

Au débit, les sommes qu'il reçoit lui-même, soit des Banques, soit de tous autres, auxquels il aura donné reçu.

Au crédit, les sommes par lui remises aux Payeurs pour les besoins du service, et les paiements qu'il aura faits lui-même, sur pièces régulièrement ordonnancées ou autorisées.

Le solde de ce livre sera le solde dont le Caissier aura à justifier.

CAISSIERS-COMPTABLES ET PAYEURS.

Les Caissiers-comptables et Payeurs sont attachés aux services d'Ingénieur en Chef, pour pourvoir aux opérations comptables et mouvements de fonds qui sont de la compétence de ces services. Ils sont placés sous les ordres directs de l'Ingénieur en Chef et doivent se conformer aux instructions générales sur la Comptabilité et à celles spéciales provenant du service de la Comptabilité de la Direction, qui leur sont transmises par l'Ingénieur en Chef.

Voir: les instructions sur la Compabilité, Ordre de Service n° 21.

ORDRE DE SERVICE N° 6.

AGENTS AUXILIAIRES.

AIDES-OPERATEURS ET PROFILEURS.

Pendant les études tachéométriques, les Ingénieurs en Chef peuvent engager des Agents auxiliaires à la journée, à titre d'*aides aux opérations* et de *releveurs de profils en travers*.

Aucun Agent auxiliaire ne peut être engagé ou conservé pour le serviec des bureaux, sans autorisation préalable de la Direction et seulement pour un temps déterminé.

POINTEURS.

Dès le commencement des travaux de terrassement, il y a lieu de placer un Pointeur par lot. Il y sera maintenu jusqu'à l'achèvement complet des travaux confiés à l'Entrepreneur de l'infrastructure.

La mission des Pointeurs consiste à parcourir journellement, *toute l'étendue du lot* et à prendre attachement, exact, du nombre des ouvriers travaillant sur chaque chantier de terrassement, de tunnel, de carrière et de maçonnerie hourdée ou à sec.

Par décision de l'Ingénieur en Chef, il pourra être placé un deuxième pointeur sur les lots trop étendus ou trop chargés.

Comme ces renseignements forment la base des prix de revient dont les instructions prescrivent l'établissement pour chaque chantier, un contrôle fréquent des renseignements relevés par les Pointeurs doit être fait par les Sous-chefs et Chefs de section respectifs.

SURVEILLANTS.

Les surveillants seront engagés, exclusivement pour l'exécution des maçonneries. Il est interdit de laisser maçonner en dehors de la présence d'un Surveillant. Il est admis cependant qu'un Surveillant pourra surveiller deux chantiers distants de moins de un kilomètre. Le nombre des surveillants par lot variera donc suivant le développement que prendront les chantiers de maçonnerie, il pourra être réduit, ou même supprimé complètement, pendant la période d'hiver, si les maçonneries étaient diminuées ou suspendues.

L'engagement et le licenciement de ces agents auxiliaires seront faits par MM. les Ingénieurs en Chef, qui auront soin d'aviser la Direction, de tout mouvement quelconque dans ce personnel, ainsi que des engagements, augmentations ou licenciements qu'ils auront décidés.

TRAITEMENTS.

Les Aides-opérateurs et Profileurs, peuvent être payés suivant leur valeur et les services qu'ils rendent, de 5 francs, 5 fr. 50, et 6 francs par jour. Ils ne toucheront pas de frais de déplacement.

Les Pointeurs qui doivent être des personnes de bonne santé, sachant lire et écrire, seront engagés à la journée, à raison de 4 francs, 4 fr. 50 et 5 francs.

Dans le cas où l'étendue d'un lot dépasserait 10 kilomètres, une indemnité de 1 franc, 1 fr. 25 et 1 fr. 50 par jour, suivant les circonstances locales, pourra leur être accordée, pour l'entretien d'un âne ou d'un mulet.

Les Surveillants doivent être choisis parmi les anciens chefs-maçons, tailleurs de pierre, ou surveillants, possédant des certificats attestant une connaissance suffisante de l'exécution de la maçonnerie.

Il faut éviter à tout prix de prendre comme Surveillants des personnes qui, par leur manque de connaissance du métier, ne sauraient en imposer aux maçons, et dont la présence serait par conséquent inutile et même nuisible.

Les Surveillants seront engagés à la journée, à raison de 5 francs, 5 fr. 50 et 6 francs.

Les Chefs de Section pourront, au besoin, proposer à ces salaires et indemnités, les modifications que les circonstances locales imposeraient.

En cas de licenciement, après 6 mois de service au moins, on pourra payer aux agents auxiliaires, au maximum, 15 journées de traitement, à titre d'indemnité de licenciement.

LOGEMENT DES POINTEURS ET SURVEILLANTS.

Les Pointeurs et Surveillants, doivent se loger à leurs frais.

Dans le cas où les villages seraient trop éloignés de certains lots, MM. les Ingénieurs en Chef sont autorisés à faire construire, pour le compte de la Régie Générale, des baraques très simples, formant une chambre de 12 m² par Pointeur ou Surveillant. Dans ce cas, un loyer serait payé par ces agents, conformément à l'Ordre de Service n° 8.

GARÇONS DE BUREAU ET PORTE-MIRES.

Chaque Section a droit à un Garçon de bureau payable, au maximum, 75 francs par mois. Chacun des chefs chargés d'une Section, et chacun des Sous-chefs chargés d'un lot, aura droit à un Porte-mire.

Les Porte-mires payés au mois à raison de 50 francs, pourront soigner les chevaux et servir de cocher.

ORDRE DE SERVICE N° 7.

TOURNEES.

INGENIEURS EN CHEF.

MM. les Ingénieurs en Chef seront tenus de faire, *par mois,* au moins une tournée, sur toute l'étendue de leur Division.

Il est laissé à l'appréciation de ces Messieurs de faire, sur les parties importantes, autant de tournées, qu'ils le jugeront nécessaire.

MM. les Ingénieurs-adjoints remplaceront MM. les Ingénieurs en Chef pendant leurs absences, et assureront la marche régulière du service ; ils pourront, exceptionnellement, remplacer les Ingénieurs en Chef, dans leurs tournées sur la ligne.

CHEFS DE SECTION.

MM. les Chefs de section devront visiter *chaque semaine,* tous les chantiers de leur Section; ils se rendront, en outre, sur les travaux importants, aussi souvent que cela pourra être nécessaire.

Ils assisteront personnellement, chaque mois, au relevé de la situation *d'au moins un lot* de leur Section, en alternant les mois suivants, avec les autres lots.

SOUS-CHEFS ET CONDUCTEURS.

MM. les Sous-chefs et Conducteurs parcourront leur lot, *tous les jours,* entre les points extrêmes sur lesquels on travaille.

Les rapports journaliers de MM. les Sous-chefs et Conducteurs, indiqueront les points kilométriques extrêmes de leurs tournées, ainsi que ceux où ils auront rencontré MM. les Chefs de section et Ingénieurs en Chef.

Les Rapports hebdomadaires contiendront les renseignements analogues pour les tournées de MM. les Chefs de section et Ingénieurs en Chef.

Enfin, les Rapports mensuels de MM. les Ingénieurs en Chef, mentionneront la durée et l'extension de leurs tournées.

ORDRE DE SERVICE N° 10.

ENTREPRENEURS.

A. — Direction et Conduite des Travaux confiés aux Entrepreneurs.

Les travaux sont confiés par contrat à divers Entrepreneurs chargés de l'exécution des projets et des instructions qui leur sont transmis par les Ingénieurs en Chef et Chefs de Section des parcours respectifs.

DIRECTION ET CONDUITE DES TRAVAUX.

Les Ingénieurs en Chef, ainsi que les Chefs de Section, assistés du personnel des Sous-Chefs, Conducteurs et Surveillants nécessaires, doivent, en dehors des travaux techniques et administratifs qui leur incombent, pourvoir à la Direction proprement dite des travaux de leurs services.

Il est essentiel que tous les Agents de la Régie Générale comprennent bien, comme les entrepreneurs eux-mêmes, que la Régie Générale, en remettant l'exécution des travaux à des entrepreneurs, a entendu cependant conserver absolument la Direction de ces travaux au point de vue de l'ordre d'attaque et de l'intensité d'exécution nécessaire à une marche normale correspondant aux besoins de l'avancement et aux délais d'achèvement.

Elle entend aussi conserver l'appréciation des méthodes de construction au point de vue de la bonne exécution des travaux.

Ces réserves n'entravent en aucune façon les entrepreneurs. Ils restent libres d'organiser leurs chantiers de la manière qu'ils estiment la plus avantageuse, pourvu que la solidité et la bonne exécution des travaux ne puissent en souffrir, que la sécurité des ouvriers ne soit pas compromise et que la Régie Générale ne puisse encourir aucune charge supplémentaire. Ces réserves ne sauraient, non plus, atténuer la responsabilité des entrepreneurs telle qu'elle résulte des contrats.

Il ressort de ces principes que les Ingénieurs en Chef et les Chefs de Section ne doivent pas hésiter à donner aux entrepreneurs toutes les indications utiles à la bonne exécution et au progrès normal des travaux.

MOYENS D'EXECUTION.

Ils doivent prescrire l'importance du matériel, le nombre d'ouvriers pour les chantiers, proportionnellement à l'avancement nécessaire et notamment les moyens d'épuisement.

Ils veillent à ce que leurs prescriptions à ce sujet soient exécutées et doivent au besoin en référer à la Direction en proposant les mesures propres à les faire respecter.

Ces prescriptions doivent se faire verbalement, la correspondance devant être limitée aux cas de mises en demeure et aux formalités légales destinées à assurer l'exécution des clauses du contrat, comme il est dit plus loin.

DISPOSITIONS ET PREVISIONS DES ENTREPRENEURS.

Les Ingénieurs en chef devront faire demander par les Chefs de Section aux Entrepreneurs le programme qu'ils comptent suivre pour donner à l'avancement des travaux l'intensité réclamée par les délais d'exécution fixés au contrat. Ils s'assureront que ces dispositions sont suffisantes; ils feront les observations utiles et vérifieront, pendant toute la durée des travaux, si ces prévisions sont suivies d'exécution.

L'entrepreneur doit avoir toute liberté pour exécuter les travaux dans les meilleures conditions possibles, mais il doit aussi remplir les obligations du contrat qu'il a accepté, car ces obligations intéressent la marche générale de l'entreprise de la Régie Générale.

On ne peut admettre aucune tolérance q uant à la bonne exécution des travaux. Il es
indispensable d'obtenir une parfaite solidité d u chemin de fer, notamment pour les maçon
neries. La bonne qualité des matériaux et une bonne construction doivent être exigées d'un
manière absolue.

EXECUTION IRREPROCHABLE.

La Régie Générale n'a reculé devant aucun sacrifice pour obtenir des travaux irré
prochables, notamment en s'imposant une cha ux et un ciment d'un prix excessif. Les entre
preneurs doivent se convaincre qu'il est de leu r devoir de concourir à ce résultat et que tou
défaut entraînera des mesures coercitives, notamment la démolition immédiate des ouvrage
défectueux..

RESPONSABILITE DES INGENIEURS.

En résumé, les Ingénieurs et les Agents de la Régie Générale doivent comprendre que
leur responsabilité est engagée dans la bonne marche des travaux, tant par les ordres qu'ils
sont appelés à donner aux Entrepreneurs que par les accords qu'ils ont à prendre avec eux suc
cessivement, tant enfin par l'obligation qui leur incombe d'en référer à la Direction s'ils
n'obtiennent pas l'exécution de leurs prescriptions.

Les Entrepreneurs, de leur côté, doivent être convaincus que leur résistance ou leur
impuissance entraînera des mesures coercitives. Qu'au contraire, leur bonne volonté et leurs
efforts constituent la meilleure manière de sauvegarder leurs intérêts.

B. — Relations des Ingénieurs de la Régie Générale avec les Entrepreneurs.

Les relations des Entrepreneurs avec la Régie Générale sont réglées par les Contrats
passés avec eux, le Cahier des Charges et la Série des Prix annexés.

Les Ingénieurs en Chef, les Chefs de Section sont chargés, dans les limites de leurs
Services respectifs, de pourvoir à l'application de ces contrats et d'en assurer l'exécution.

Conformément aux ordres des Ingénieurs en Chef, les Chefs de Section remettent aux
Entrepreneurs les plans, profils et documents de toute nature que la Régie Générale doit leur
fournir, avec les indications nécessaires à l'exécution. Ils surveillent et vérifient le tracé, le
nivellement et l'implantation des ouvrages.

Les Chefs de Section relèvent chaque mois, contradictoirement avec les Entrepreneurs,
les quantités exécutées pour l'établissement des Situations Mensuelles, qu'ils adressent ensuite
à l'Ingénieur en Chef.

Toutes ces opérations nécessitent des rapports constants entre les Chefs de Section et
les Agents sous leurs ordres, d'une part, les Entrepreneurs, leurs représentants et leur
personnel, d'autre part.

Il est essentiel de maintenir, à cet égard, les usages suivants :

PAS DE CORRESPONDANCE ENTRE CHEFS DE SECTION, SOUS-CHEFS ET ENTREPRENEURS.

En principe, il ne doit pas s'établir de correspondance entre les Entreprises et les
Chefs de Section pour toutes les explications courantes de l'exécution et surtout sur l'interpré
tation des contrats et annexes, ni sur les faits qui peuvent se produire.

Les Entrepreneurs et les Chefs de Section étant en rapports personnels constants,
toutes les questions d'exécution doivent être traitées verbalement, et résolues sur place,
chacun prenant note sur son carnet des accords pris.

Les Chefs de Section n'ont à écrire de lettres que pour la remise des projets et docu
ments dont l'établissement incombe à la Régie Générale et pour permettre de constater plus
tard si l'Entrepreneur a bien été muni de ces projets et documents dans les délais prévus.

En un mot, la Régie Générale entend qu'il ne s'établisse pas de correspondance
pouvant modifier l'interprétation ou l'application des Contrats. Les Ingénieurs en Chef, et en
dernier ressort la Direction, conservent seuls ce droit. Elle considère que les explications
verbales sont plus utiles que les communications écrites.

LETTRES DES ENTREPRENEURS.

Lorsque l'Entrepreneur entend faire valoir des observations spéciales, il doit adresser sa lettre à la Régie Générale et la remettre au Chef de Section, afin que celui-ci puisse l'adresser avec ses propres indications à l'Ingénieur en Chef. Celui-ci y donne suite ou la transmet au Directeur des Travaux, suivant les cas.

Une pareille correspondance doit naturellement être limitée aux cas exceptionnels qui peuvent se présenter.

Le Chef de Section transmettra à l'Entrepreneur la réponse de l'Ingénieur en Chef ou du Directeur des Travaux, suivant les instructions qu'il aura reçues.

Les prescriptions qui précèdent et qui ont toujours donné de bons résultats, ont pour but d'éviter les correspondances inutiles et souvent nuisibles et de concentrer l'intérêt sur la prompte solution des questions et la meilleure exécution des travaux.

Il va sans dire qu'il ne s'agit pas des avis courants qui peuvent être donnés pour les questions de détail et qui ne peuvent avoir de caractère contractuel, mais de la correspondance qui se substituerait aux entretiens indispensables à la bonne marche des travaux.

MM. les Ingénieurs en Chef feront donner connaissance de cet ordre de service aux Entrepreneurs de leur service par les Chefs de Section, qui devront en expliquer la portée et tenir la main à ce qu'il serve de base à leurs relations.

C. — Agents accrédités par les Entrepreneurs.

Les lettres accréditant les Agents des Entrepreneurs auprès de la Régie Générale, remises aux Ingénieurs en Chef, seront envoyées en original à la Direction.

Elles doivent être rédigées de la manière suivante:

« *Régie Générale.*

« J'ai l'honneur d'accréditer auprès de vous, M. ....
« qui est autorisé, à partir de ce jour, à signer valablement, en mes lieu et place, les docu-
« ments suivants se rapportant aux travaux des lots n°ˢ .... (p. ex. profils en travers,
« attachements provisoires et définitifs, situations mensuelles et définitives et en toucher le
« montant, à recevoir des lettres et à y répondre, etc....)

« Veuillez agréer, Monsieur le Directeur, etc... »

(Signature.)

L'Entrepreneur laissera de côté les points qu'il ne veut pas autoriser.

Les Contrats étant faits au nom d'un seul Entrepreneur, il ne doit pas être, non plus, question dans ces lettres d'associés pour les personnes à accréditer.

Il est rappelé que l'article 14 du Contrat passé avec les Entrepreneurs stipule que les Agents de la Régie Générale ne peuvent entrer au service d'un Entrepreneur que sur autorisation écrite de la Direction.

ORDRE DE SERVICE N° 11.

SERVICE SANITAIRE.

La Régie Générale assure le service sanitaire sur toute la ligne, soit qu'elle en assume elle-même l'organisation totale, tant pour son personnel que pour les agents et ouvriers des Entrepreneurs, soit qu'elle autorise ces derniers à organiser, sous son contrôle, le service sanitaire qui leur incombe pour leurs agents et ouvriers, se limitant alors, en ce qui la concerne, aux mesures nécessaires pour assurer à son personnel les soins dont il aurait besoin.

I. — Organisation totale par la Régie Générale.

Il peut se produire trois cas :

1°) *Il existe des hôpitaux publics dont l'importance est suffisante pour répondre aux besoins du personnel des travaux.* — La Régie Générale traite avec les hôpitaux pour les soins à donner aux malades moyennant des prix établis par journée de maladie. Elle s'assure le concours du Médecin-chef de l'hôpital ou d'un autre, si nécessaire, pour les tournées obligatoires sur les chantiers et les visites à domicile pour son propre personnel.

2°) *Il n'existe pas d'hôpitaux.* — La Régie Générale crée, dans ce cas, des hôpitaux particuliers aux points où cela peut être nécessaire, et en général dans les localités où se trouvent les sièges des Divisions et des Sections.

A la tête de chaque hôpital est placé un Médecin avec le personnel d'infirmerie nécessaire.

3°) S'il y a impossibilité de traiter avec les hôpitaux, ou si ces hôpitaux sont partiellement ou totalement insuffisants, la Régie Générale aura recours à une organisation nécessitée par les circonstances.

MEDECINS.

Le service sanitaire, tant dans les hôpitaux que sur la ligne, est assuré dans chaque section par un Médecin nommé par la Direction, sur la proposition de l'Ingénieur en Chef.

Ces médecins sont pris là où il existe des hôpitaux publics dans le personnel médical de ces hôpitaux, si possible, et en dehors de ce personnel, dans le cas contraire ; ils reçoivent des allocations fixes qui sont convenues avec eux à cet effet. Là où il doit être créé des hôpitaux particuliers, on choisira un médecin qui sera chargé de la Direction et du service de l'Hôpital ainsi que du service sanitaire sur la ligne.

Le médecin chargé de la section qui a son siège dans la résidence de l'Ingénieur en Chef sera en même temps médecin de division. Il servira de conseil à l'Ingénieur en Chef dans les questions sanitaires et administratives connexes qui pourraient se présenter. Il accompagnera l'Ingénieur en Chef tous les deux mois dans sa tournée ; il visitera les hôpitaux de la Division, et référera à l'Ingénieur en Chef sur leur état, sur l'activité et le savoir des médecins de section et sur l'état sanitaire en général. Ce rapport sera envoyé à la Direction avec le rapport mensuel du même mois.

Chaque médecin devra faire au moins une visite par semaine sur tous les chantiers de sa circonscription. Ces visites ont pour but de donner les soins nécessaires au personnel et aux ouvriers dispersés sur la ligne, et de surveiller l'hygiène générale du personnel. Le médecin devra donc s'assurer, en entrant dans tous les détails, que tout fonctionne convenablement, et que le bon état sanitaire du personnel est assuré sur la ligne aussi complètement que le permettent les circonstances locales. Il emportera dans ses tournées sa trousse, des pièces de pansement, et les médicaments les plus usités, de manière à pouvoir traiter sur la ligne les malades qui n'ont pas besoin d'être hospitalisés.

Il va sans dire que le médecin devra se rendre sur la ligne, ou en consultation dans un hôpital quelconque, toutes les fois qu'il en recevra l'ordre de son chef de section.

REGIE GENERALE DE CHEMINS DE FER

REGLEMENT

CONCERNANT

L'Exécution des Travaux

Bordereau des Ordres de Service

ORDRE DE SERVICE N° 12.

ETUDES

RECONNAISSANCE D'UN TRACÉ.

La reconnaissance d'une ligne de chemin de fer dont la direction générale a été étudiée sur les meilleures cartes existantes, a pour but de fixer le tracé le plus convenable pour la réalisation de la ligne envisagée. A cet effet, il convient de suivre — en dehors du tracé étudié sur les cartes — les variantes qui peuvent être intéressantes, soit qu'on les ait trouvées sur les cartes, soit que les habitants les aient indiquées.

Les opérations à faire en cours d'une reconnaissance consistent à relever le relief du terrain suivi, au moyen du baromètre pour les altitudes, et de la boussole pour les directions de la polygonale de l'itinéraire suivi. Les distances parcourues, et celles d'autres points éloignés de la polygonale, seront mesurées au pas, à la montre, ou par tout autre moyen rapide, télémètre, etc. Dans les parties autres que la plaine, on fera, en général, un cheminement tachéométrique rapide, à raison de 5 à 10 kilomètres par jour, et on relèvera quelques cotes caractéristiques de chaque côté de la polygonale suivie. Ce relevé tachéométrique *s'impose* partout où le terrain est très accidenté, et surtout au passage des cols. De ces points importants, il convient de descendre un cheminement sur les deux versants à partir de la cote choisie pour le passage du col, en tranchée ou en tunnel, suivant les possibilités.

Le dossier à constituer comprendra les pièces suivantes:

1°) *Plan général.* — Rapporté à l'échelle de 1:20.000° (5 centimètres par kilomètre). Ce plan doit être établi en minute sur le terrain, avec les cotes et le croquis figurant le terrain, et au fur et à mesure de l'avancement du travail. La configuration du terrain sera dessinée par des courbes de niveau espacées à des intervalles convenables. Le tracé proposé par l'Ingénieur chargé de la reconnaissance sera indiqué sur le plan et appliqué chaque jour.

2°) *Profil en long.* — Un profil en long sera établi également chaque jour aux échelles de 1:20.000° pour les longueurs et 1:1.000° pour les hauteurs.

On y notera tous les ouvrages d'art de 2 mètres d'ouverture et au-dessus, qui sont nécessaires à l'établissement de la ligne, avec la hauteur, estimée sur place, du remblai sous lequel ils doivent être construits.

Bien entendu, les tunnels et les grands murs devront être indiqués également sur le profil en long.

3°) *Rapport et devis général.* — Ce document résumera tous les renseignements qu'on aura pu recueillir: sur la nature géologique des terrains traversés (noter tout spécialement les terrains susceptibles de glissements); les parties rocheuses, les fondations qui peuvent donner lieu à des travaux spéciaux ou à l'emploi de l'air comprimé; la nature et la provenance des matériaux de construction, à savoir les ballastières, sablières, carrières, briquetteries, scieries de bois, existantes ou pouvant être créées, et les prix des matériaux de construction en provenant; le régime des eaux (indiquer les H. E. sur le profil en long, lorsque l'on traverse ou que l'on suit un cours d'eau).

L'évaluation des quantités de travaux fera l'objet de soins spéciaux. On indiquera le cube des terrassements qu'il y a lieu de prévoir, kilomètre par kilomètre, et la proportion de rocher qu'il faut admettre.

Les ouvrages en dessous de 2 mètres ne pourront généralement pas être indiqués un par un. On estimera leur nombre par kilomètre et les cubes d'exécution auxquels ils conduiront.

Les ouvrages de 3 mètres à 8 mètres seront calculés à l'aide des tableaux spéciaux, en fonction des hauteurs de remblai notées.

Les ouvrages de 10 mètres et au-dessus et les tunnels devront être envisagés, un par un, et donner lieu à des évaluations individuelles.

Les murs de soutènement et les défenses seront estimés au kilomètre, lorsque ces ouvrages seront peu importants, individuellement, s'ils doivent atteindre des proportions remarquables.

Le coût des expropriations et les surfaces à exproprier seront également notés, avec indication des parties couvertes de forêts, les labours, les cultures de toutes sortes, prés, déserts, marais, etc.

On notera les villes et les villages desservis par la ligne, le nombre de leurs habitants, les points où des stations et haltes sont à proposer, ainsi que les ressources que présente le pays comme habitations pour les bureaux et le personnel, et surtout comme main-d'œuvre pour l'exécution des travaux.

En un mot, le rapport devra contenir tous les renseignements nécessaires pour servir de base à un devis général estimatif du prix de revient de la ligne, net et sans marge.

Rapports hebdomadaires. — Le Chef de la mission enverra à l'Administration Centrale, à Paris, chaque semaine, une dépêche à l'adresse « Régivit Paris », comprenant un chiffre, qui sera celui du nombre de kilomètres relevés depuis l'origine. Il y joindra de brefs renseignements sur l'état du temps ou sur toute autre question qu'il estimera intéresser l'Administration Centrale.

Il confirmera son télégramme par lettre et le complètera par des indications sur la marche de ses opérations et par des renseignements plus détaillés sur le tracé, le pays, etc.

ETUDES TACHEOMETRIQUES.

La direction générale du tracé à étudier est déterminée par la carte générale au 1:20.000° qui a été établie lors de la reconnaissance, et dans les conditions indiquées au paragraphe précédent.

C'est ce tracé qui sera suivi en principe. Toute modification importante, qui déplacerait le tracé d'une façon notable, et dont l'utilité serait reconnue par l'Ingénieur en Chef, doit être soumise à l'approbation de la Direction.

RELEVE DU TERRAIN.

La configuration du terrain voisin du tracé de reconnaissance sera relevée au tachéomètre par les brigades d'études. Ce relevé s'étendra sur 500 mètres à 1.500 mètres de largeur totale, suivant les difficultés que le tracé rencontrera. L'Ingénieur en Chef déterminera les parties sur lesquelles le relevé devra dépasser la largeur normale de 500 mètres, en même temps qu'il indiquera aux Chefs de brigades, sur le terrain, les directions, les rives et les coteaux que le tracé devra suivre en cas de variantes possibles.

On relèvera les deux rives dans les gorges et le long des ravins et rivières, dans les parties où l'on ne pourra fixer, qu'après étude sur le plan tachéométrique même, sur quelle rive le tracé sera établi.

Les stations tachéométriques seront distantes de 200 mètres au maximum. On prendra de chaque station autant de points de terrain qu'il sera nécessaire, sans exagération, pour donner sur le plan, la configuration exacte du terrain, par des courbes de niveau. Le Chef de brigade fera des croquis à la main qui seront relevés au fur et à mesure.

Les piquets tachéométriques sont reliés entre eux par un nivellement de précision, fait au niveau, nivellement qui contrôlera celui fait par le tachéomètre même.

Les cotes tachéométriques devront être calculées chaque soir sur le terrain et le résultat porté à l'encre sur le carnet.

NIVEAU DE COMPARAISON.

Les niveaux de comparaison des différentes brigades seront reliés entre eux avant le rapport des plans tachéométriques par le nivellement des piquets des stations tachéométriques et rapporté au niveau de la mer par un nivellement spécial entre la rive et un point voisin de la ligne, lorsque c'est possible.

Les Ingénieurs en Chef veilleront surtout à ce que les raccords entre les brigades et avec la Division voisine se fassent aussi bien, en plan, qu'en altitude et dans la nivelette.

REPERES.

On établira à des points invariables et faciles à trouver, à peu de distance du tracé, des repères de nivellement (environ deux par kilomètre) qui seront indiqués sur le plan tachéométrique et portés sur un tableau de repères, avec croquis de l'emplacement à l'appui.

PLAN TACHEOMETRIQUE.

On rapportera le plan tachéométrique à l'échelle de 1/5.000ᵉ dans les parties en plaine et de 1/2.000ᵉ dans les parties accidentées, en conformité du modèle n° 1.

Les points du terrain seront cotés, avec une seule décimale; les piquets des stations tachéométriques (nivelés en millimètres) seront cotés avec deux décimales.

Le plan tachéométrique sera passé à l'encre, les courbes de niveau de 2 en 2 ou de 5 en 5, suivant les pentes du terrain, seront tracées à la terre de Sienne et l'on recherchera le tracé le plus économique en tâchant d'épouser, autant que possible, la forme du terrain traversé en adoptant les courbes et les nivelettes convenables.

COURBES.

Le rayon minimum des courbes raccordant deux alignements sera en général:

$$R = 300 \text{ mètres pour la voie de 1 m. 50.}$$
$$R = 100 \text{ mètres pour la voie de 1 mètre.}$$

En plaine, on adoptera, en général, pour rayon minimum:

$$R = 500 \text{ mètres pour la voie de 1 m. 50.}$$
$$R = 300 \text{ mètres pour la voie de 1 mètre.}$$

On adoptera, exclusivement, les rayons suivants: 300 mètres — 350 — 400 — 450 — 500 — 550 — 600 — 700 — 800 — 900 — 1.000 — 1.500 et 2.000 mètres.

Si l'on admet des rayons inférieurs à celui de 300 mètres, même pour la voie de 1 m. 50, on adoptera, seuls, les suivants: 160 — 180 — 200 — 225 — 250 et 275 mètres

Pour la voie de 1 mètre, on emploiera, en plus des rayons ci-dessus, les rayons de 100 mètres, 120 et 140 mètres.

ALIGNEMENTS ENTRE DEUX COURBES.

La longueur a, de l'alignement droit *minimum*, qui devra être ménagé entre deux courbes de *sens inverse,* est égal à la somme des demi-longueurs des raccordements paraboliques plus 10 mètres:

$$\left(a = \frac{l_1 + l_2}{2} + 10 \text{ mètres} \right)$$

Entre deux courbes de *même sens,* il est nécessaire d'intercaler une courbe qui permettra de regagner, à l'aide de la déclivité supplémentaire de 3 millimètres, la différence $d_2 - d_1$ des dévers.

REGLEMENT

Concernant le Personnel et l'Organisation des Services de Construction.

ET

INSTRUCTIONS

Concernant l'Exécution des Travaux.

PARIS

1910

RÈGLEMENT

CONCERNANT

le Personnel et l'Organisation des Services

de Construction.

PARIS

1910

REGIE GENERALE DE CHEMINS DE FER

REGLEMENT

CONCERNANT LE PERSONNEL

ET L'ORGANISATION DES SERVICES DE CONSTRUCTION.

Le Règlement concernant le personnel et l'organisation des Services de Construction est constitué par l'ensemble des *Ordres de service* n°s 1 à 11 compris dans le bordereau donné ci-contre.

Toutes les prescriptions édictées par le présent Règlement sont obligatoires pour tous les Agents de la Régie Générale, chacun en ce qui le concerne, et doivent être suivies par eux comme règle de conduite; il ne pourra y être dérogé que par ordres de Service spéciaux émanant de la Direction.

Chaque Agent recevra un exemplaire du présent Règlement et devra signer pour connaissance et acceptation l'exemplaire déposé à la Direction ou dans le Bureau de l'Ingénieur en Chef, ainsi qu'un exemplaire des nouveaux Ordres de service qui pourraient être émis ultérieurement.

MM. les Agents doivent bien se pénétrer du but que la Régie Générale se propose d'atteindre, avec la collaboration de chacun dans la limite de ses attributions: c'est l'ordre et l'économie dans le travail et l'administration. Seuls ils peuvent conduire à la réduction au minimum du prix de revient, tout en obtenant une exécution irréprochable des travaux.

MM. les Agents de la Régie Générale doivent s'efforcer, par leur conduite irréprochable, leur moralité et leur sage abstention de tout ce qui touche à la politique, à mériter la bienveillance des autorités civiles, religieuses et militaires, et à entretenir avec elles les meilleures relations possibles. Dans l'accomplissement de la tâche qui leur est confiée, ils doivent montrer aux populations l'esprit d'ordre, de discipline et de justice qui les anime, et témoigner ainsi, autant qu'il est en eux, du désir de se rendre dignes de leur estime et de leur protection.

REGIE GENERALE DE CHEMINS DE FER

REGLEMENT

CONCERNANT

le Personnel et l'organisation des Services de Construction

Bordereau des Ordres de Service

7° Traités avec les entrepreneurs et divers pour l'exécution des travaux;

8° Vérification des dépenses des travaux;

9° Etablissement des situations mensuelles des entrepreneurs et de tous mandats de paiement relatifs aux travaux;

10° Etablissement des situations mensuelles avec la Société concessionnaire;

11° Règlement de tous entrepreneurs et fournisseurs.

En général, le Directeur des Travaux pourvoit à toutes les nécessités des travaux et à leur bonne exécution.

A cet effet, il a sous ses ordres les services techniques et administratifs suivants:

1° Le Service technique central ayant à sa tête un Ingénieur en Chef qui remplacera le Directeur des Travaux absent, et comprenant, en général, un chef de bureau ayant sous ses ordres des sous-chefs de section, avec les dessinateurs, etc., nécessaires;

2° La comptabilité des travaux sous la direction d'un Chef de comptabilité ayant, en général, rang de chef de section et ayant sous ses ordres des comptables, aides-comptables et caissiers nécessaires assimiliés aux sous-chefs de section et conducteurs;

3° Le Secrétariat des travaux, comprenant un Secrétaire et les expéditionnaires, dactylographes, etc., nécessaires.

La composition de ces services et le nombre d'Agents y attachés seront d'ailleurs déterminés par l'Administration Centrale, sur la proposition du Directeur des Travaux.

Il sera en outre créé sur la ligne le nombre voulu de Services d'Ingénieurs en Chef, sous les ordres du Directeur des Travaux, conformément aux ordres de service n°s 3 et 4.

Le Directeur des Travaux fera, au moins, trois tournées sur la ligne par an et adressera à M. le Président-Directeur, chaque fois, un Rapport de tournée détaillé. Ce Rapport devra contenir les appréciations sur le personnel, sur les entrepreneurs et sur la marche des travaux; il donnera une image exacte de l'état d'avancement de la ligne, il signalera les questions techniques importantes qui pourraient se présenter et relatera les décisions et dispositions prises.

ORDRE DE SERVICE N° 3.

INGÉNIEURS EN CHEF.

Les Services d'Ingénieurs en Chef, prévus par l'ordre de service n° 2, ont pour objet de parer aux difficultés d'inspection résultant des grandes distances à parcourir et de permettre au Directeur des Travaux d'être plus fréquemment et plus efficacement représenté sur les chantiers pour les questions à résoudre, sur place, avec les Chefs de section, les Entrepreneurs et les tiers.

BUREAU DE L'INGENIEUR EN CHEF.

Pour l'exécution des travaux de bureau, techniques et administratifs, dont l'Ingénieur en Chef est chargé, celui-ci disposera du personnel suivant:

Un Ingénieur-Adjoint du grade de Chef de section de 1re classe;

Un Caissier-Comptable;

Un Payeur;

Un Secrétaire-Archiviste;

Un Sous-Chef adjoint faisant fonction de Chef de bureau mais pouvant être appelé à remplacer des Sous-Chefs ou Chefs de Section malades ou en congé;

Deux Dessinateurs;

Un Expéditionnaire-Drogman;

Un Contrôleur des ponts métalliques;

Un Contrôleur des bâtiments;

Un Commissaire d'expropriations avec un ou deux adjoints suivant les besoins, chargé, sous les ordres de l'Ingénieur en Chef, de toutes les opérations concernant les expropriations.

Suivant l'importance des travaux, la nomenclature ci-dessus pourra être modifiée par décisions spéciales.

L'Ingénieur-Adjoint remplace l'Ingénieur en Chef en cas d'absence, de tournées ou de congé, mais il peut être aussi appelé à remplacer temporairement un Chef de Section empêché. Il pourra faire des tournées sur la ligne par ordre de l'Ingénieur en Chef.

FONCTIONS DES INGENIEURS EN CHEF.

Les fonctions des Ingénieurs en Chef consistent à suppléer sur la ligne le Directeur des Travaux, et à assurer l'application de ses instructions, l'établissement des projets, la bonne exécution des travaux, leur marche rationnelle, suivant les programmes établis, la tenue des attachements, l'établissement des situations mensuelles et des décomptes de toute nature.

MM. les Ingénieurs en Chef décideront, sans en référer au préalable au Directeur des Travaux, sur toutes les questions techniques et administratives. Toutefois, ils auront à envoyer à la Direction:

PIECES A SOUMETTRE A LA DIRECTION.

1°) Les plans d'expropriations temporaires ou définitives à faire approuver par le Ministère des Travaux Publics;

2°) Les pièces comptables suivantes:

La comptabilité mensuelle de l'Ingénieur en chef et des sections et dépôts, la Situation avec la Compagnie concessionnaire, les Situations des entrepreneurs, mandats d'expropriation, pièces de recettes, demandes de fonds, états de prévision des dépenses, l'inventaire du mobilier et des instruments géodésiques et les tableaux du personnel définitif et auxiliaire;

3°) Les projets spéciaux et rapports sur les questions importantes pour lesquelles l'Ingénieur en Chef doit provoquer une décision du Directeur des Travaux;

4°) Les lettres des entrepreneurs ayant trait à la Série des Prix, aux conditions du contrat et du cahier des charges; ces lettres devront être accompagnées de projets de réponse à faire aux entrepreneurs par la Direction.

INSPECTION DES TRAVAUX.

Dans leurs visites fréquentes sur les travaux, les Ingénieurs en Chef examineront avec les Chefs de Section et trancheront sur place toutes les questions intéressant la bonne marche des travaux, l'application des projets, les mouvements des terres, l'implantation des ouvrages; ils vérifieront notamment les fouilles des ouvrages importants, avant de permettre de faire la maçonnerie, afin d'assurer des fondations solides; ils s'assureront avec l'aide de l'Ingénieur-Adjoint ou d'autres agents délégués à cet effet, de l'exactitude des tracés et nivellements, principalement aux viaducs et tunnels, ainsi que de la bonne et régulière tenue des attachements, et viseront à cet effet, tous les mois, les carnets définitifs.

SITUATIONS MENSUELLES.

MM. les Ingénieurs en Chef enverront à la Direction, à la date prescrite, les *Situations mensuelles des entrepreneurs* (imprimé n° 4) certifiées par eux après vérification au moyen des carnets verts et autres documents fournis par la section, à laquelle ils seront retournés aussitôt que possible. Cet envoi sera accompagné d'un « *résumé des situations* » fourni par les sections sur l'imprimé n° 133.

MM. les Ingénieurs en Chef dresseront sur la base des états fournis par les sections, et contrôlés par eux, la *Situation mensuelle avec la Société concessionnaire* (imprimé n° 104) en appliquant la série de prix annexée à la convention de construction. Ces documents seront envoyés, sans faute, à la Direction pour la date prévue par ladite convention.

PIECES COMPTABLES.

MM. les Ingénieurs en Chef signeront tous les documents comptables, pièces de dépenses et de recettes, Etats à la journée et à la tâche, Situations des entrepreneurs et de la Compagnie, après en avoir apprécié l'exactitude. Ils sont autorisés à faire payer d'urgence les états d'appointements fixes du personnel, ainsi que les feuilles de paie des agents temporaires et des hommes de service, autorisés. Ils pourront, en outre, faire payer d'urgence les mandats d'expropriations, autant que possible seulement après être entrés en possession du titre rectifié.

VERIFICATION DES PROJETS.

MM. les Ingénieurs en Chef vérifieront et approuveront les projets des ouvrages d'art jusqu'à 20 mètres exclusivement, ainsi que les projets courants des défenses, dérivations, déviations, passages à niveau et les mouvements des terres en général.

Les plans des stations, les projets d'ouvrages d'art et de défenses les plus importants devront être soumis à l'approbation du Directeur des Travaux.

LETTRES AUX ENTREPRENEURS.

MM. les Ingénieurs en Chef prendront l'initiative par lettre vis-à-vis des entrepreneurs, pour tout ce qui concerne l'exécution des travaux: ils aviseront les entrepreneurs des abus ou malfaçons, ils les mettront en demeure pour le maintien des délais, etc...

Les copies de toutes ces lettres seront pourtant envoyées à la Direction.

QUESTIONS RESERVEES A LA DECISION DU DIRECTEUR DES TRAVAUX.

Le Directeur des Travaux se réserve expressément la décision sur toutes les questions concernant les nouveaux travaux qui seraient reconnus nécessaires, les prix nouveaux et marchés à établir, la classification des terrassements, les questions concernant l'exécution des contrats, les avances et acomptes aux entrepreneurs et aux agents, l'engagement et le licenciement des agents au mois, du cadre normal, pour lesquels il devra en référer à l'Administration centrale.

PERSONNEL AUXILIAIRE.

MM. les Ingénieurs en Chef pourront engager le personnel auxiliaire, aide-opérateurs, pointeurs, surveillants et le licencier au fur et à mesure de sa disponibilité, tout en informant la Direction, chaque fois, par lettre, des modifications apportées.

CORRESPONDANCE.

La correspondance de MM. les Ingénieurs en chef avec la Direction sera adressée à Monsieur le Directeur des Travaux; la correspondance de MM. les Chefs de Section, Ingénieurs du Matériel et chefs de dépôts sera adressée à l'Ingénieur en Chef duquel ils relèvent.

Le texte des lettres sera clair, bref et précis, sans cependant rien omettre d'essentiel à l'intelligence des questions traitées. On supprimera les formules de salutation et on réduira celles de politesse, à l'introduction, une seule fois dans le texte, de la formule « j'ai l'honneur... »

La signature sera précédée du titre du signataire.

Les Ingénieurs en Chef, seuls correspondront avec M. le Commissaire du Gouvernement et les autorités locales. Il y aura lieu de signer ces lettres (en Turquie sur un timbre d'une piastre) et de les accompagner d'une traduction (en Turc) non signée.

Il est recommandé à tous les Agents de réduire autant que possible les écritures, mais de traiter les questions d'exécution et d'administration dans des lettres séparées.

En réalisant les instructions qui précèdent, les Ingénieurs en Chef donneront un concours sérieux à la bonne réussite de l'entreprise importante assumée par la Régie Générale.

ORDRE DE SERVICE N° 4.

CHEFS DE SECTION, SOUS-CHEFS & CONDUCTEURS.

BUREAU DE LA SECTION.

Chaque Division de la ligne à construire formant le service d'un Ingénieur en Chef, est divisée en 3 ou 4 sections, dont la longueur variera entre 25 et 60 kilomètres, suivant l'importance des travaux.

A la tête de chaque section est placé un Ingénieur, Chef de section, avec un bureau composé, en général, de deux dessinateurs et d'un expéditionnaire-drogman.

Dans les sections particulièrement chargées un sous-chef de section sera adjoint au bureau de la section pour remplacer le Chef de section pendant ses courtes absences ou un sous-chef de section en cas de maladie ou de congé.

Chaque section est divisée en trois ou quatre lots de 5 à 25 kilomètres de longueur.

La conduite des travaux d'un lot est confiée à un sous-chef de section ou à un conducteur des travaux sous les ordres de l'Ingénieur Chef de section.

Exceptionnellement, un conducteur ou aide-conducteur pourra être adjoint au sous-chef d'un lot contenant des travaux d'art nombreux et importants.

INGENIEUR CHEF DE SECTION.

Le Chef de section est chargé de faire toutes les études et projets dont il est question dans l'Ordre de Service n° 9.

Il surveillera l'exécution des travaux par les entrepreneurs de sa section, et veillera à l'application des contrats.

Il élaborera les projets d'exécution et vérifira l'exactitude du tracé en plan et en altitude, l'implantation des ouvrages d'art et bâtiments, la tenue exacte des attachements dont il est question dans l'Ordre de Service n° 3.

Il dressera mensuellement, et adressera à l'Ingénieur en Chef, aux dates indiquées, les états et feuilles de paie, les mandats de paiement, les situations et états à la tâche des entrepreneurs et tâcherons, les états devant servir à l'établissement de la situation avec la Société concessionnaire, les rapports hebdomadaires et mensuels, les états et mandats d'expropriations.

Les situations des entrepreneurs seront accompagnés d'un « Résumé des situations » dressé sur l'imprimé n° 133.

Il tiendra la main à la bonne exécution des travaux en corformité des prescriptions du Cahier des Charges et de la Série des prix et veillera sur l'avancement normal des travaux en se rendant fréquemment compte des quantités de matériel en usage et de l'effectif en main-d'œuvre employée principalement sur les points « critiques » de la section.

SOUS-CHEFS DE SECTION ET CONDUCTEURS.

Les Sous-chefs de Section et Conducteurs, pendant la période des études et l'élaboration du projet d'exécution, travailleront sans distinction de lots au projet de toute la Section, suivant les instructions qu'ils recevront de leur chef.

Pendant la période des travaux, une fois installés sur leurs lots, ils s'occuperont plus particulièrement des projets d'exécution du lot: ouvrages d'art, passages à niveau, déviations, dérivations, têtes de tunnel, etc., pour lesquels ils relèveront au préalable des plans côtés.

Ils vérifieront fréquemment, le tracé, pour lequel, nonobstant la responsabilité spéciale de l'Entrepreneur aux termes de son contrat, ils restent moralement responsables, vis-à-vis de la Régie Générale. Une erreur de tracé peut motiver la révocation immédiate de l'Agent responsable.

Ils surveilleront en détail, l'exécution des travaux, principalement celle des maçonneries hourdées et à sec.

Ils veilleront à l'activité des chantiers. Ils s'assureront que les surveillants engagés possèdent bien la connaissance du métier en les questionnant. Ils les instruiront, si nécessaire. Ils vérifieront, fréquemment, les Carnets d'attachement de journées des pointeurs.

Ils se rendront compte de la marche et du prix de revient des travaux, par la tenue intelligente et soignée du Journal des Travaux. Ils relèveront contradictoirement avec l'entrepreneur les *attachements* de toute nature, les consigneront aussitôt dans les petits carnets d'attachement et les feront signer par l'entrepreneur. Ils dresseront les *Carnets verts* et les *Situations mensuelles*.

Ils assisteront à la paie des ouvriers travaillant en Régie et, si ordre leur en est donné, à la paie des ouvriers des Entrepreneurs et Tâcherons. Ils se rendront compte aussi exactement que possible de l'emploi des sommes touchées par l'Entrepreneur ou le Tâcheron sur sa situation.

Ils dresseront le *Rapport journalier des travaux du lot* et fourniront en temps utile à la Section les renseignements nécessaires aux *Rapports hebdomadaires*.

Les Aide-conducteurs ou Conducteurs, adjoints aux Sous-chefs, sont placés sous les ordre de ces derniers et exécuteront sur le terrain et au bureau les opérations, vérifications et travaux de toute nature qui leur seront indiqués par les Sous-chefs.

ORDRE DE SERVICE N° 8.

DEPLACEMENTS. — INDEMNITES DIVERSES.

A. — Déplacements.

CLASSIFICATION DES AGENTS.

Les Agents faisant partie du cadre définitif du personnel du Service des travaux sont, pour les déplacements, classés suivant le montant de leur traitement annuel, comme suit:

Agents Supérieurs, traitement annuel supérieur à.....Fr. 14.000

Agents de 1re classe   — 8.000

Agents de 2e classe   — 3.400

Agents de 3e classe   — 2.000

Les Agents Supérieurs seront remboursés de leurs dépenses effectives de déplacements, sur pièces justificatives fournies par eux.

Pour les Agents de 1re, 2e, et 3e classes, les frais de déplacements sont fixés comme suit:

DEPLACEMENTS PENDANT LES ETUDES.

Les déplacements pendant les études tachéométriques et l'application du tracé sur le terrain sont, par jour, pour les Agents des

CLASSES	A. TRAVAIL SUR LE TERRAIN	B. TRAVAIL DANS LES CAMPEMENTS
1re	6 francs	4 francs
2me	4 —	2 —
3me	2 —	1 —

Les déplacements seront supprimés à partir du jour de l'installation des brigades dans les bureaux des Divisions ou dans leurs résidences définitives et ne seront dûs, de nouveau, que pendant l'application du tracé sur le terrain.

Ils seront alors établis comme suit: .

Pour les jours de travail sur le terrain avec découcher, prix *a;*

Pour les jours de travail sur le terrain sans découcher, prix *b.*

Une feuille de déplacement, suivant imprimé n° 61, devra être annexée au mandat de paiement établi en faveur de l'Agent ayant droit à des déplacements.

DEPLACEMENTS PENDANT LA CONSTRUCTION.

Pendant la période de la Construction, dont l'origine sera fixée pour chaque Section par la Direction, les déplacements, sans découcher, seront supprimés. Quant aux déplacements, avec découcher, ils seront calculés sur la base du prix *a* ci-dessus, et seront payés aux Agents, lorsque leur service les aura obligés à s'absenter et à coucher hors de leur résidence.

Les Agents auxiliaires payés à la journée n'ont droit à aucun déplacement.

B. — Indemnité pour Chevaux et Voitures.

MM. les Ingénieurs en Chef pourront entretenir, suivant les besoins, 3 à 4 chevaux et une voiture, ou une automobile, si les routes le permettent. Les frais d'acquisition et d'entretien correspondants, seront à la charge de la Régie Générale. Ils seront remboursés sur Mandat, accompagné des pièces justificatives.

PERIODE DES ETUDES.

Pendant la période des études, les Chefs de brigade loueront les moyens de transport, chevaux, voitures, ânes, nécessaires aux déplacements journaliers du personnel, depuis le campement, jusqu'au lieu de travail sur le terrain et retour, ainsi qu'au transport des instruments, matériel et bagages.

Les frais correspondants seront remboursés aux Chefs de brigade à la fin de chaque mois, sur mandats dressés par eux, avec pièces justificatives annexées.

PERIODE DE CONSTRUCTION.

MM. les Ingénieurs en Chef désigneront à la Direction, les Agents des classes 1re et 2e qui auront besoin de chevaux et voitures.

En général, chacun des Chefs, chargé d'une section, pourra entretenir deux chevaux, et, si les chemins le permettent, une voiture.

Les Sous-chefs de section ou Conducteurs, dirigeant les travaux d'un lot, pourront entretenir un cheval. Il en est de même des Médecins et des Agents d'expropriation.

Les chevaux et voitures seront achetés par les Agents et resteront leur propriété. Toutefois, les Chefs de section, qui devront avoir une voiture, recevront, pour son achat et celui des harnais, une subvention, à fonds perdus, de 500 francs.

La Régie Générale alloue une indemnité mensuelle de 150 francs aux Chefs de section qui ont deux chevaux et de 200 francs à ceux qui ont deux chevaux et une voiture.

L'indemnité mensuelle pour un cheval, est fixée à 75 francs.

Les indemnités ci-dessus, comprennent les frais d'achat et d'amortissement des chevaux, voitures, harnais, selles, ainsi que tous les frais d'écurie, de service et d'entretien. Elles ne seront payées aux agents qu'à partir du jour où ils justifieront que les chevaux, voitures, etc., sont en leur possession.

La Direction devra être informée par MM. les Ingénieurs en Chef, de la date à partir de laquelle ils ont autorisé les indemnités ci-dessus, ainsi que du jour où elles cesseront.

Dès que la circulation en draisine sera possible, les chevaux et voitures seront supprimés.

C. — Logements.

LOYERS.

Les appointements alloués aux Agents comprennent *les frais de logement*.

Si des Agents sont logés dans des maisons louées ou construites par la Régie Générale, ou les Entrepreneurs, il y aura lieu d'opérer sur leur traitement les retenues suivantes :

Agents Supérieurs, par mois.........................Fr.	60 »
Agents de 1re classe —	40 »
Agents de 2e classe —	20 »
Agents de 3e classe —	10 »
Agents auxiliaires —	5 »

Ces sommes seront retenues aux Agents sur leurs appointements et feront l'objet d'un mandat d'encaissement qui sera passé en recettes à la fin de chaque mois.

D. — Indemnité de Fonction.

SOUS-CHEFS FAISANT FONCTION DE CHEF DE SECTION.

Les Sous-Chefs qui remplacent un Chef de Section pendant un congé ou une maladie *dont la durée dépasse un mois,* ou ceux qui font définitivement fonction de Chef de Section sans être promus à ce grade, toucheront une allocation spéciale de 125 francs par mois.

Lorsque ces Sous-Chefs proviennent d'une résidence située en dehors de la section qu'ils sont appelés à gérer à titre provisoire, ils toucheront en outre les déplacements *b.*

En dehors du cas spécial visé ci-dessus, la suppléance d'un Agent par un autre, même si ce dernier est de grade inférieur ne confère au remplaçant aucun droit spécial à indemnité ou majoration de traitement.

ORDRE DE SERVICE N° 9.

RAPPORTS A FOURNIR PAR LE PERSONNEL.

Pour assurer la bonne marche des Etudes et des Travaux, il est indispensable que la Direction soit renseignée aussi *rapidement* et aussi *exactement* que possible sur leur état d'avancement. Pour arriver à ce résultat, il y aura lieu d'adresser à M. le Directeur des Travaux les Rapports suivants, qui seront rédigés dans la forme ci-après indiquée:

1°) RAPPORT TELEGRAPHIQUE HEBDOMADAIRE DES ETUDES TACHEOMETRIQUES.

(Adresse) Jours, 6. — Terrain base, 14.000. — Relevé, 12.000. — Cotes, 11.500. — Nivellement, 10.300. — Bureau base, 7.000. — Cotes, 6.000. — Courbes, 5.000. — Tracé, 3.000. — Profil, 2.800. — Plan, 1.500. — Carte, 15.000.

(Signature du Chef de brigade.)

Les chiffres indiquent pendant la semaine écoulée:

Jours. — Le nombre de jours de travail utile.

Terrain base
Relevé
Cotes calculées
Nivellement
} Le nombre de kilomètres achevés et cumulés depuis l'origine du travail de la section correspondante.

Bureau base
Cotes inscrites
Courbes de niveau
Tracé
Profil en long
Plan (1/5.000)
Carte (1/100.000)
} Le nombre de kilomètres achevés et cumulés depuis l'origine du travail de la section correspondante.

2°) RAPPORT TELEGRAPHIQUE HEBDOMADAIRE DES ETUDES DEFINITIVES.

(Adresse.) Jours, 5. — Sommets, 21.000. — Courbes, 19.000. — Piquetage, 16.500. — Nivellement, 14.000. — Profils, 11.300. — Plan parcellaire, 9.500.

(Signature du Chef de section.)

Les chiffres indiquent pendant la semaine écoulée:

Jours. — Le nombre de jours de travail utile.

Sommets implantés
Courbes tracées
Piquetage
Nivellement
Profils en travers
Plan parcellaire
} Le nombre de kilomètres achevés et cumulés depuis l'origine du travail de la section correspondante.

3°) RAPPORT TELEGRAPHIQUE HEBDOMADAIRE CONCERNANT LA REDACTION DU PROJET D'EXECUTION.

(Adresse.) Profil, 12.000. — Profils, 10.000. — Surfaces, 3.000. — Mouvement, 7.500. — Plan, 4.300. — Parcellaire, 4.100.

(Signature du Chef de section.)

Les chiffres indiquent par section et pendant la semaine écoulée:

Profils en long
Profils en travers rapportés
Surface des profils calculés
Mouvement de terres
Plan d'exécution
Parcellaire (plan)

Le nombre de kilomètres achevés et cumulés depuis l'origine du travail de la section correspondante.

4°) RAPPORT TELEGRAPHIQUE HEBDOMADAIRE DES TRAVAUX.

(Adresse.) Jours, 6. 5. 6. — Journées, 272. 360. 486. — Ouvriers, 46. 72. 81. — Maçons, 20. 15. 18. — Terrassements, 850. 1.200. 1.450.— Maçonneries, 30. Zéro. Zéro. — Défenses, 60. Zéro. 20. — Galeries, 8. 10. — Ballast, 140, 260. Zéro. —
Observations et appréciations sur la marche des chantiers. Incidents importants.

(Signature du Chef de section.)

Les chiffres indiquent par lot et pendant la semaine écoulée:

Jours. — Le nombre de jours de travail utile.

Journées. — Le nombre de journées d'ouvriers fournies par l'entrepreneur.

Ouvriers. — Le nombre moyen des ouvriers présents sur les chantiers.

Maçons. — Le nombre moyen des maçons présents sur les chantiers.

Ces ouvriers spéciaux doivent également figurer comme nombre dans les chiffres suivant le mot « ouvriers », ces derniers devant donner le nombre total des ouvriers, quelle que soit leur spécialité.

Terrassements. — Le cube des terrassements de toute nature.

Maçonneries. — Le cube des maconneries hourdées de toute nature.

Défenses. — Le cube des maçonneries à sec de toute nature.

Galeries. — Le nombre des mètres d'avancement de la petite galerie des principaux tunnels; une entente spéciale interviendra à ce sujet pour chaque section.

Ballast. — Le cube du ballast approvisionné.

5°) RAPPORT TELEGRAPHIQUE QUOTIDIEN SUR L'AVANCEMENT DE LA POSE ET DU BALLASTAGE.

Le Chef de la Section dans laquelle se trouvera l'avancement de la Pose et le Service du ballastage en deuxième couche adressera, chaque jour, au Directeur des Travaux une dépêche dans la forme suivante:

(Adresse.) Pose, 14.300. — Relevage, 12.800. — Ballastage, 10.750. — Wagons, 54. — S'il y a lieu, observations et appréciations sur la marche du travail. Incidents importants.

Les chiffres indiquent les points kilométriques où le travail est arrivé la veille, ainsi que le nombre de wagons de ballast transportés et déchargés, le même jour.

Ces diverses dépêches seront confirmées par lettre et reproduites sur la *Note journalière* de l'Ingénieur en Chef.

Les mêmes dépêches devront être adressées par les Chefs de Section aux Ingénieurs en Chef dont ils relèvent.

Les Sections dépourvues de stations télégraphiques en langue française enverront leurs dépêches par courrier, conformément aux instructions qu'elles recevront des Ingénieurs en Chef.

6°) RAPPORTS HEBDOMADAIRES.

MM. les Chefs de Section dresseront le *Rapport hebdomadaire* sur l'imprimé n° 62.

Ces Rapports devront partir par le premier courrier de la semaine suivante. Ils seront visés et annotés par l'Ingénieur en Chef, et continueront jusqu'à la Direction, qui les retournera aux Ingénieurs en Chef.

Il est recommandé à MM. les Chefs de Section d'étendre leurs observations et d'y consigner les remarques faites au cours de leurs tournées, de façon qu'on puisse se rendre compte de la marche des travaux, notamment de ceux qui, par leur importance — grandes tranchées — grands ouvrages — consolidations — longs tunnels — préoccupent plus spécialement la Direction.

7°) RAPPORTS MENSUELS.

Un *Rapport mensuel* sur l'imprimé n° 82 sera dressé, après chaque Situation, par MM. les Ingénieurs en Chef. Pour en simplifier la rédaction, MM. les Chefs de Section donneront, sur un imprimé semblable, les renseignements relatifs aux lots qui les concernent, ainsi que leurs appréciations et le programme du mois suivant.

Ils enverront, le 25 de chaque mois, le rapport minute à leur Ingénieur en Chef respectif. Ce rapport sera retourné le mois suivant avec un nouvel imprimé. Ceci évitera à la Section de faire des copies.

MM. les Ingénieurs en Chef réuniront ces renseignements dans un seul imprimé, modifieront, s'il y a lieu, les appréciations et le programme donnés par les Sections, enfin, donneront à la Direction leurs appréciations et leur programme.

Ce Rapport, arrêté au 15 de chaque mois, date à laquelle les Situations des entrepreneurs seront relevées, devra parvenir à la Direction le 5 *du mois suivant au plus tard*. La Direction des Travaux l'enverra à l'Administration Centrale avant le 15.

Les Graphiques d'avancement seront envoyés avec les Situations des entrepreneurs.

8°) RAPPORTS JOURNALIERS DES SOUS-CHEFS OU CONDUCTEURS.

Ces Rapports seront dressés par MM. les Sous-Chefs de Section et Conducteurs sur l'imprimé n° 71. Ils devront être envoyés au Chef de section par le plus prochain courrier.

MM. les Chefs de Section annexeront ces Rapports journaliers à leur Rapport hebdomadaire, et les Ingénieurs en Chef, après en avoir pris connaissance, les retourneront aux Chefs de Section, pour leurs dossiers.

9°) NOTES JOURNALIERES.

MM. les Ingénieurs en Chef adresseront chaque jour à la Direction une *Note journalière* servant d'accusé de réception, d'avis d'envoi, de confirmation de dépêches et de brèves demandes de renseignements de toute nature.

10°) RAPPORT DE TOURNEE.

Ce Rapport sera dressé par lot par les Sous-Chefs de Section sur imprimé spécial n° 94 et arrêté au jour du passage de M. le Directeur des Travaux, auquel il sera présenté à son entrée dans le lot respectif.

Nous recommandons de ne pas être trop laconique dans les dépêches et de fournir dans les Rapports Hebdomadaires et Mensuels, en dehors des chiffres indiquant l'avancement en pour cent, tous les renseignements, incidents, appréciations, etc., pouvant intéresser la Direction.

HIERARCHIE ET CORRESPONDANCE.

En règle générale, les médecins sont sous les ordres de l'Ingénieur en Chef, et de la Direction, mais pour les parties administratives et la police des hôpitaux, ils sont sous les ordres des Chefs de section.

Les Médecins correspondent directement avec l'Ingénieur en Chef pour toutes les questions qu'ils jugent importantes, mais en faisant passer leur correspondance par le chef de section avec lequel ils correspondent au sujet des questions de détail de leur service.

INFIRMIERS.

Le nombre et le salaire des infirmiers des hôpitaux privés à créer seront proposés par les médecins et arrêtés par les Ingénieurs en Chef, dans chaque Division, la Direction étant informée immédiatement des décisions prises.

ALIMENTATION DES MALADES ET CANTINES.

L'alimentation des malades dans les hôpitaux privés, qui seraient créés, sera assurée par des cantines situées dans le voisinage et avec lesquelles les Ingénieurs en Chef passeront des marchés suivant une série de prix (Voir Ordre de Service n° 24). Ces marchés devront être envoyés à la Direction immédiatement.

LOCAUX ET APPROVISIONNEMENTS DES HOPITAUX.

Les Ingénieurs en Chef feront exécuter les baraquements nécessaires aux hôpitaux privés à créer, et les modifications indiquées par les médecins dans les maisons louées par leurs soins pour servir d'hôpitaux.

Les commandes pour l'installation et l'entretien des hôpitaux, de même que celles pour approvisionnement des médicaments, seront faites par la Direction, d'après les bons de commande dressés par les Médecins, et visés par les Chefs de section et les Ingénieurs en Chef.

Toutefois les menues dépenses s'appliquant aux objets tels que charbon, bois, pétrole, balais, lavage, etc., peuvent être faites sur place par le Chef de section, sur la proposition des Médecins.

Après réception des commandes, le Médecin acquittera les bordereaux qui accompagneront l'expédition. Ces bordereaux seront dressés en double: l'un sera conservé par le Chef de section, et l'autre envoyé à la Direction pour établir le règlement des fournisseurs.

Les Médecins sont personnellement responsables de l'inventaire des médicaments, instruments et objets mobiliers qui leur sont confiés; ceux-ci devront être inscrits par le Médecin dans un registre d'inventaire spécial, lequel devra être soigneusement tenu au courant.

SOINS A DONNER AU PERSONNEL DE LA REGIE GENERALE.

Les agents de la Régie Générale et leurs familles seront soignés, à leur choix, soit dans les hôpitaux, soit à leur domicile, dans ce dernier cas, dans la limite du possible, quand celui-ci ne sera pas au siège de l'hôpital.

Lorsqu'ils seront soignés à domicile, ou lorsqu'ils appelleront le médecin en visite, il leur sera retenu la somme de 1 fr. 50 par visite.

Les médicaments leur seront fournis gratuitement, tant à l'hôpital qu'à domicile, à l'exception des spécialités, eaux minérales, vin de quinquina, etc., et de ceux en général qui ne figurent pas à un tarif dressé sur les indications du Médecin et accepté par le pharmacien.

SOINS A DONNER AUX AGENTS ET OUVRIERS DES ENTREPRENEURS.

Les agents et ouvriers des entrepreneurs seront soignés dans les hôpitaux à raison de 4 francs par jour pour les premiers et 2 fr. 50 pour les seconds, ces prix comprenant les soins, les médicaments et la nourriture. Le montant de ces journées est facturé mensuellement aux entrepreneurs, d'après un relevé établi sur imprimé Modèle n° 88.

Les médicaments distribués sur la ligne aux agents et aux ouvriers malades des entrepreneurs feront l'objet d'un relevé dressé mensuellement par le Médecin pour chaque lot (sur imprimé modèle n° 90). Il appliquera le prix de la série des médicaments. Le total sera majoré de 20 % pour tenir compte des pertes dans la distribution.

La Régie Générale supportera tous les frais d'installation et d'entretien des hôpitaux et de leur mobilier. Les frais généraux de personnel et de l'ensemble des hôpitaux seront supportés pour 75 % par les entrepreneurs, au moyen d'une retenue sur leurs situations, d'un tantième fixé par le contrat.

II. — Organisation du Service sanitaire par les Entrepreneurs
en ce qui concerne leurs Agents et leurs Ouvriers.

Dans ce cas, le service sanitaire pour les agents de la Régie Générale sera installé comme suit:

La Direction des travaux désignera un médecin de son choix aux sièges de la Direction, des Divisions et des Sections ou ailleurs s'il y a lieu.

Le médecin devra se rendre auprès des agents ou des personnes de leur famille à toute réquisition et quelle que soit la distance à parcourir.

Les visites seront constatées par la feuille de visite quotidienne des malades sur l'imprimé n° 86.

A chaque visite, un bon sera dressé sur le carnet à souche numéroté et signé par l'agent pour le compte duquel la visite aura été faite. (Imprimé n° 88.).

A la fin de chaque mois, les bons seront détachés de leur souche par le médecin et envoyés au Chef de section.

Le prix de la visite sera fixé à un prix uniforme avec le médecin.

Pour les visites faites sur la ligne, les médecins auront droit à des frais de déplacement, qui seront fixés sur la base du tarif ci-après:

Avec découcher, prix a ....Fr.　6　»

Sans découcher, prix b ....　　4　»

Ces prix comprennent la location du cheval employé par le médecin pour ses déplacements.

Ils seront décomptés à la fin de chaque mois et une feuille de déplacement sur imprimé n° 61 sera annexée au mandat de paiement dressé par le Chef de section.

Les agents acquitteront la moitié du prix des visites faites, la Régie Générale l'autre moitié et tous les frais de déplacement.

Les médicaments sont fournis gratuitement au personnel, à l'exception des spécialités pharmaceutiques, eaux minérales, vin de quinquina, etc., et en général de tous ceux qui ne figurent pas au tarif, à moins, pour ces derniers, seulement, d'une décision spéciale du Directeur des Travaux.

REGIE GENERALE DE CHEMINS DE FER.

INSTRUCTIONS

CONCERNANT

l'Exécution des Travaux.

PARIS

1910

REGIE GENERALE DE CHEMINS DE FER.

INSTRUCTIONS

CONCERNANT

L'EXECUTION DES TRAVAUX.

Les instructions concernant l'exécution des travaux sont contenues dans les Ordres de service n°ˢ 12 à 25 compris dans le bordereau ci-après.

Ces Ordres de service donnent les instructions de détail pour l'exécution des travaux et la marche des différents services.

L'observation stricte des prescriptions qu'ils contiennent est obligatoire pour tous, au même titre que les Ordres de service n°ˢ 1 à 11, dont l'ensemble constitue le Règlement concernant le Personnel et l'Organisation des Services de Construction.

La courbe qui, théoriquement, devrait être la parabole cubique ordinaire, peut être remplacée, sans inconvénient, par une circulaire de rayon :

$$R = 2 (R_2 - R_1)$$

Lorsque le tracé conduira à intercaler entre deux courbes de *même sens*, un alignement $L > a' = \dfrac{d_2 - d_1}{3}$ et $< \left(\dfrac{l_1 + l_2}{2}\right)$ l_1 et l_2 étant respectivement les longueurs des paraboles de raccordement correspondantes aux rayons R_1 et R_2 et à la vitesse admise), c'est la pente supplémentaire que l'on fera varier. Elle sera : $\dfrac{d_2 - d_1}{L} = \Theta < 3$.

Dans ce cas, le rayon de la circulaire à intercaler a pour expression :

$$l = \frac{V}{3 \, l}$$

(V, vitesse en mètres à l'heure, L, en mètres.)

Lorsque $L > \left(\dfrac{l_1 + l_2}{2}\right)$ les paraboles ordinaires s'intercalent régulièrement entre les extrémités de l'alignement et les courbes.

Le tableau qui suit donne la longueur de *l*, le dévers *d*, le déplacement *m*, de la courbe, les ordonnées de la parabole au milieu de sa longueur et au point de tangence de la parabole avec la circulaire déplacée, de sorte qu'on y trouvera tous les éléments nécessaires au piquetage de l'axe déplacé.

Vitesse à l'heure 60 kilomètres.

$$y = \frac{x^3}{120}, \quad d = \frac{60.000}{R}, \quad m = \frac{16.667.000}{R^3}, \quad l = \frac{20.000}{R}, \quad \Theta = 3\ ^m/_m$$

	VOIE DE 1m50 — R =	2000	1500	1000	900	800	700	600	550	500	450	400
	Distance à partir de O.P = O	—	—	—	—	—	—	…	—	—	—	—
	Ordonnée de la parabole = O	—	—	—	—	—	—	—	—	—	—	—
Mètre	Distance à partir de O.P 1/2 l	5,00	6,66	10,00	11,11	12,50	14,28	16,66	18,18	20,00	22,22	25,00
Millimètre	Ordonnée de la parabole : $^m/_2$	1	2	8	11	16	24	38	50	66	91	130
Mètre	Longueur totale de la parabole : l	10,00	13.33	20,00	22,22	25.00	28,57	33,33	36,36	40,00	44,44	50,00
Millimètre	Ordonnée de la parabole en F.P	8	20	67	91	130	195	308	391	533	729	1041
»	Déplacement de la courbe : m	2	5	17	23	32	48	77	100	133	182	260
»	Devers : d	30	40	60	67	75	86	100	109	120	133	150

Vitesse à l'heure 40 kilomètres.

$$y = \frac{x^3}{80}, \quad d = \frac{40.000}{R}, \quad m = \frac{7.407.000}{R^3}, \quad l = \frac{13.333}{R}, \quad \Theta = 3\ ^m/_m$$

	VOIE DE 1m50 — R =	1000	900	800	700	600	550	500	450	400	350	300	275
	Distance à partir de O.P = O	—	—	—	—	—	—	—	—	—	—	—	—
	Ordonnée de la parabole = O	—	—	—	—	—	—	—	—	—	—	—	—
Mètre	Distance à partir de O.P 1/2 l	6,66	7,40	8,33	9,52	11,11	12,12	13,33	14,81	16,66	19,54	22,22	24,24
Millimètre	Ordonnée de la parabole : $^m/_2$	3	5	7	11	17	22	29	40	58	87	137	178
Mètre	Longueur totale de la parabole : l	13.33	14,81	16,66	19,04	22,22	24,24	26,66	29,62	33.33	38,09	44,44	48.48
Millimètre	Ordonnée de la parabole en F.P	29	41	58	86	137	177	235	324	461	691	1094	1426
»	Déplacement de la courbe : m	7	10	14	22	34	44	59	81	116	174	274	356
»	Devers : d	40	44	50	57	67	73	80	89	100	114	133	145

Vitesse à l'heure 25 kilomètres.

$$y = \frac{x^3}{50}, \quad d = \frac{25.000}{R}, \quad m = \frac{2.890.000}{R^3}, \quad l = \frac{8.333}{R}, \quad \Theta = 3\ ^m/_m$$

	VOIE DE 1m50 — R =	250	225	200	180	160
	Distance à partir de O.P = O	—	—	—	—	—
	Ordonnée de la parabole = O	—	—	—	—	—
Mètre	Distance à partir de O.P 1/2	16.66	18,51	20,83	23,14	26.04
Millimètre	Ordonnée de la parabole : $^m/_2$	92	126	180	247	352
Mètre	Longueur totale de la parabole : l	33.33	37 03	41,66	46,29	52,0?
Millimètre	Ordonnée de la parabole en F.P	738	1013	1450	1985	2828
»	Déplacement de la courbe : m	185	253	361	495	705
»	Devers : d	100	111	125	140	156

Vitesse à l'heure 40 kilomètres.

$$y = \frac{10\,x^3}{144}, \quad d = \frac{12.000}{R}, \quad m = \frac{240.000}{R^3}, \quad l = \frac{2.400}{R}, \quad \Theta = 5\,{}^m/_m$$

VOIE DE 1m00 R =	1000	900	800	700	600	550	500	450	400	350	300	275	250	225	200	180	160	140	120	100
Distance à partir de O.P = 0..	—	—	—	—	—	—	—	—	—	—	—	—	—	—	—	—	—	—	—	—
Ordonnée de la parabole = 0...	—	—	—	—	—	—	—	—	—	—	—	—	—	—	—	—	—	—	—	—
Distance à partir de O.P 1/2 ...	1,20	1,33	1,50	1,66	2 00	2,18	2,40	2,66	3,00	3,42	4,00	4,36	4,80	5,33	6,00	6,66	7,50	8,77	10,00	2,00
Ordonnée de la parabole : $^m/_2$...	—	—	—	—	—	1	1	1 5	2	3	5	6	8	10	15	20	29	46	69	120
Longueur totale de la parabole: l.	2,40	2,66	3,00	3,32	4,00	4,36	4,80	5,33	6,00	6,85	8.00	8,73	9,60	10,66	12,00	13,33	15,00	17,14	20,00	24,00
Ordonnée de la parabole en F.P..	1	1	2	3	4	6	8	10	15	22	35	46	62	85	92	164	234	350	555	960
Déplacement de la courbe: m ...	—	—	—	—	1	2	2	3	4	6	9	12	15	21	30	41	59	91	139	240
Devers: d...............	10	13	15	17	20	22	24	27	30	34	40	44	48	53	60	67	75	86	100	120

PROFIL EN LONG.

Le tracé une fois arrêté en plan, on rapportera le profil en long, dont les cotes de terrain (cotes noires) seront trouvées par interpolation entre les deux courbes de niveau voisines.

On ne cotera en général que les hectomètres dans les terrains faciles et les hectomètres et autres points caractéristiques dans les autres parties.

Les cotes seront arrondies au décimètre. Le profil sera d'ailleurs dressé d'une manière analogue au Modèle n° 2 pour le profil en long des études définitives et à l'échelle de $1\,\overline{\frac{500}{5.000}}$ comme ce dernier.

La nivellette (ligne rouge) sera établie sur ce profil qui indique le terrain naturel, en employant des rampes, des paliers et des pentes suivant les besoins.

PENTES ET RAMPES.

La rampe maxima sera ordinairement limitée à 12 millimètres nette; on ne pourra sans autorisation préalable employer des rampes supérieures au passage des divers cols; en tous cas, le maximum absolu admis est de 25 millimètres net.

On tiendra compte de l'influence des courbes par la réduction des déclivités supérieures respectivement à 9 millimètres et 22 millimètres, conformément au tableau ci-après.

Tableau des réductions qu'il faut faire subir aux déclivités, dans les courbes

	RAYON DES COURBES :																				
	2000	1500	1000	900	800	700	600	550	500	450	400	350	300	275	250	225	200	180	160	140	120	100	
Pour la voie de 1 m 50	0	0	0	1	1	1	1	1.5	1.5	2	2	2	2.5	3	3	3.5	4	4	4.5	—	—	—	‰
Pour la voie de 1 m.......	0	0	0	0.5	0.5	0.5	0.5	1	1	1	1	1.5	1.5	2	2	2	2.5	3	3.5	3.5	4	5	‰

En outre, la rampe sera réduite de 5 millimètres par mètre dans les tunnels ayant plus de 200 mètres de longueur.

La rampe maxima ne sera employée que si une rampe inférieure occasionne réellement une dépense plus considérable.

On fera exclusivement usage des rampes de : 0,5 — 1 — 1,5 — 2 — 3 — 4 — 5 — — 6 — 7 — 8, etc., millimètres par mètre. Les rampes avec d'autres fractions de millimètre sont interdites.

On placera les brisures des rampes, autant que possible, aux hectomètres et aux demi-hectomètres.

Un palier de 100 mètres sera ménagé entre deux pentes en sens inverse dépassant 5 millimètres. La longueur d'une pente ou d'une rampe ne doit pas être inférieure à 300 mètres.

Un palier de repos de 100 mètres sera ménagé, tous les 4 kilomètres, dans les parties en rampe maxima tendue dépassant 10 millimètres.

NIVELETTE.

La nivelette sera aussi régulière que possible, tout en épousant les ondulations du terrain, afin de réduire les travaux au minimum. Pour gagner la hauteur nécessaire aux ponts de 10 mètres et au-dessus, on admettra une rampe et contre-rampe ne dépassant pas en général 8 millimètres par mètre.

Il est utile d'éviter les tranchées longues de faible profondeur. Il sera préférable de briser la nivelette et de passer au-dessus. Cette prescription a une importance capitale pour les cônes de déjections, anciens ou en activité.

Les longs remblais en plaine n'auront pas moins de 0 m. 30 de hauteur si le terrain est sec; dans les traversées de prairies irrigables, terrains humides ou marécageux, la hauteur minima des remblais sera de 1 mètre.

La hauteur nécessaire de la nivelette au-dessus des hautes eaux pour passer les cours d'eau, dans le cas où 1 mètre d'espace libre entre la cote de hautes eaux et le dessous des tabliers métalliques est admis, sera pour:

	VOIE EN DESSUS													VOIE EN DESSOUS			
Ponts de :	1 m	2	3	4	5	6	8	10	12	12.934	15.162	20.40	30.42 en courbe de 300 m	15.162	20.518	30.42	47.00
au moins de :	1.05	1.11	1.17	1.32	1.35	1.49	1.73	1.97	2.05	2.39	2.84	3.93	5.90	1.40	1.53	2.18	2.34

Dans certains cas, la Direction des Travaux pourra admettre une réduction à 0,50 ou exiger une augmentation à 2,50 et plus dudit espace libre. Les cotes ci-dessus doivent alors être diminuées ou augmentées en conséquence.

La nivelette devra se trouver de 0 m. 50 à 2 m. 50 au-dessus des plus *hautes eaux* connues et constatées lors du levé tachéométrique. Elle ne sera pas inférieure à 1 mètre au-dessus des hautes eaux, dans le cas où le remblai serait mouillé des deux côtés par les eaux.

Les limites des hautes eaux seront indiquées sur le plan tachéométrique et la ligne des hautes eaux sur le profil en long.

Dans les parties étroites des vallées (gorges), la nivelette sera placée à 4 mètres au minimum au-dessus des plus hautes eaux.

Dans les parties plus larges de ces vallées, on pourra se contenter de 2 mètres à 2 m. 50.

Pour faciliter la rédaction du projet, en ce qui concerne la hauteur minima nécessaire de la nivelette et le choix du type des ouvrages, le tableau suivant donne les minima de hauteur prescrits par les types approuvés entre la retraite des fondations et la nivelette des terrassements.

TABLIERS MÉTALLIQUES ET AQUEDUCS DALLÉS	HAUTEUR MINIMA	AQUEDUCS VOUTÉS PLEIN CINTRE	HAUTEUR MINIMA	AQUEDUCS VOUTÉS SURBAISSÉS AU 1/3	HAUTEUR MINIMA
Aqueduc de 0.70	0.96	Aqueduc voûté de 0.70	1.65	Aqueduc voûté de 1.00	2.08
» 1.00	1.12	» » 1.00	2.23	» » 2.00	2.38
» 2.00	1.43	» » 2.00	2.78	» » 3.00	2.83
» 3.00	1.51	» » 3.00	3.33	• » 4.00	3.73
» 4.00	1.95	» » 4.00	4.38	Pont voûté de 5.00	4.05
Pont de 5.00	2.05	Pont voûté de 5.00	4.88	» » 6.00	4.38
» 6.00	2.40	» » 6.00	5.38	» » 7.00	4.71
» 8.158	2.65	» » 7.00	5.88	» » 8.00	5.05
» 10.00	2.76	» » 8.00	6.38	» » 9.00	5.38
» 12.934	2.87	» » 9.00	6.88	» » 10.00	5.71
AQUEDUCS DALLÉS		» » 10.00	7.38		
Dallot de 0.70	1.40				
Aqueduc *d.b.a.* de 1.00	1.70				
» » 2.00	1.70				
» » 3.00	1.70				

Il est entendu que la retraite des fondations pourra être enterrée de 0 m. 20 au-dessous du plafond des chambres d'emprunt.

CARTE GENERALE.

Cette carte, au 1/100.000ᵉ, exigée par le cahier des charges de la concession devra être dressée par les soins de la Division, sur 10 à 15 kilomètres de largeur, de chaque côté de la ligne. A cet effet, on agrandira les meilleures cartes existantes et l'on rectifiera les erreurs de longueur et autres reconnues par les relevés tachéométriques. Modèle N° 3.

PLAN GENERAL.

Ce plan, qui est prescrit par le Cahier des charges de la concession, sera dressé à l'échelle de 1/5.000ᵉ, par réduction du plan tachéométrique.

Il ne contiendra pas de cotes, mais seulement des courbes de niveau et les autres indications nécessaires conformément au modèle nᵘ 4. Il sera dressé par les soins de la Section, ainsi que le Profil en long.

TABLEAU DES PENTES ET RAMPES. — TABLEAU DES ALIGNEMENTS ET COURBES. — NOMENCLATURE DES PRINCIPAUX OUVRAGES.

Ces tableaux seront dressés par les Sections, en conformité des prescriptions du Cahier des charges de la concession sur les imprimés nᵒˢ 68, 69 et 70.

DOSSIER POUR LA PRESENTATION DU PROJET.

Ce dossier doit comprendre:

La carte générale au 1:100.000
Le plan général au 1:5.000
Le profil en long au 1: 500   } En calque sur toile sans date ni signature.
————
5.000

Le tableau des pentes et rampes.
Le tableau des courbes.
La nomenclature des principaux ouvrages.
Les délais pour la présentation seront indiqués dans chaque cas.

ETUDES DEFINITIVES.

Aussitôt que l'ordre en sera donné par la Direction, on procédera aux études définitives, en appliquant sur le terrain le tracé approuvé.

APPLICATION DU TRACE.

On commencera par déterminer sur le terrain, les sommets d'angle du tracé dessiné sur le plan tachéométrique, par rapport aux piquets-stations tachéométriques ou à d'autres repères, et on tracera les alignements, puis les courbes qui les relient.

L'axe matérialisé sur le terrain par le *piquetage,* n'est pas celui des plans d'étude, mais *l'axe définitif de la pose.* Les courbes des plans d'étude seront donc déplacées vers leur centre, de la quantité m, du Tableau de la page 41, les paraboles de raccordement seront tracées en plaçant un piquet, à leur origine (O.P.), à la fin (F.P.) et au milieu (M.P.). On se souviendra que ce dernier piquet doit être placé, en face du point de tangence de l'alignement et de la circulaire primitive et à la distance $m/_2$

On suivra, avec le piquetage proprement dit, en chaînant exactement la ligne, à partir de l'origine.

Le kilométrage de l'origine à adopter par chaque Section, sera indiqué par la Direction.

En principe, le kilométrage de l'origine d'une section sera le kilométrage arrondi de la section précédente, par exemple, la fin d'une section étant 265 kil. + 324,37, le point d'origine de la section suivante portera, pour cette dernière, le kil. 266.

On placera ensuite les piquets: en plaine, à 50 m. et dans les courbes à 20 m. de distance.

On les rapprochera dans les parties accidentées autant qu'il sera nécessaire pour indiquer exactement la ligne du terrain, sans toutefois en exagérer le nombre.

A côté de chaque piquet d'axe planté jusqu'au ras de la terre, on placera une planchette dont la tête sera teintée en rouge et chiffrée en noir comme suit:

137	kilomètres
8	hectomètres
51.32	mètres et centimètres

Sur ces planchettes les chiffres seront placés de façon à pouvoir lire le kilométrage lorsque l'on parcourt l'axe et dans le sens de la progression.

Le carnet de piquetage contiendra tous les renseignements relatifs aux limites des communes, aux cours d'eau, fossés et chemins traversés avec l'indication des ouvrages qui seront nécessaires, enfin, tous les renseignements utiles pour compléter le profil en long, suivant le modèle n° 2.

NIVELLEMENT.

Un nivellement de précision sera exécuté sur tous les piquets d'axe battus à fleur de terre. Ce nivellement passera sur tous les repères existants et sera relié à deux repères des sections voisines.

Les cotes du profil en long, calculées chaque jour sur le terrain, devront être passées immédiatement à l'encre, si le nivellement s'est fermé le même jour avec une différence admissible, c'est-à-dire ne dépassant pas 1 c/m. par kilomètre. Il va sans dire que cette erreur d'un centimètre par kilomètre ne doit pas se cumuler.

Si la différence est plus grande, il faudra en aviser l'Ingénieur en Chef, qui fera éventuellement rechercher les erreurs, par un autre agent.

On rappelle qu'en raison de l'importance de l'exactitude du nivellement, les plus grands soins devront être apportés à cette partie du travail.

RELEVES DES PROFILS EN TRAVERS.

On relèvera des profils en travers, en général, sur 30 mètres de chaque côté de l'axe, à chaque piquet placé au piquetage.

Lorsqu'une tranchée ou un remblai seront achevés, on dessinera sur chaque profil de terrain, en rouge, le profil des terrassements exécutés et on les cotera. L'Entrepreneur sera requis de vérifier le tracé et les cotes rouges, et de les signer en rouge pour acceptation, conformément aux indications du modèle n° 6.

Les signatures ne pourront être données que par l'Entrepreneur ou son représentant dûment autorisé auprès de la Direction.

PETITS CARNETS D'ATTACHEMENTS.

La tenue des petits carnets d'attachements incombe suivant l'Ordre de service n° 4 aux Sous-Chefs de Section et Conducteurs. Elle constitue une de leurs attributions les plus importantes. Ils doivent y apporter tous leurs soins et la plus grande régularité.

Un carnet d'attachements doit être *constamment tenu à jour*. On ne tient pas à y trouver des écritures moulées, ni des dessins trop soignés, mais des croquis à l'échelle, propres et clairs, des chiffres bien lisibles, et à l'encre non communicative.

On tiendra en général, par lot, les carnets suivants:

Carnet d'attachements des terrassements
   »   des ouvrages d'art (maçonnerie hourdée)
   »   des ouvrages de défense (à sec)
   »   des tunnels
   »   des bâtiments, du ballast et divers

Carnet des terrassements. — On y inscrira:

1° Dès que le piquetage sera terminé, la *charpente* du tracé, en un croquis donnant tous les éléments des alignements et courbes. On fera signer ce procès-verbal à l'Entrepreneur qui, à partir de ce moment, devient responsable du tracé piqueté et devra le rétablir si des piquets sont déplacés, détruits, etc...

2° La liste des repères de nivellement du lot, avec croquis à l'appui.

3° La liste des talus qui auront été ordonnés dans les tranchées par l'Ingénieur en Chef.

4° Les attachements des parties en rocher compact, ou les procès-verbaux des classifications des tranchées, si le Directeur des travaux décide d'en faire.

5° Les déviations de chemins, les dérivations aux abords des ouvrages, rampes d'accès des P. à N., fossés hors plateforme etc... avec le calcul des cubes à payer et l'indication des n°ˢ des Prix de la Série applicables à ces cubes.

6° Les cubes des tranchées et remblais seront calculés avec tous les détails nécessaires sur les carnets d'attachements.

Carnet des ouvrages d'art. — On y consignera:

1° Les procès-verbaux donnant les éléments de l'implantation des ouvrages importants, notamment des viaducs et des grands ponts.

2° Les attachements des fouilles des ouvrages d'art et des murs de soutènement hourdés.

3° Les attachements des maçonneries en fondations, jusqu'à la ligne de la retraite (l'élévation devra être exécutée suivant les indications du projet, de sorte que le projet lui-même servira d'attachements).

4° Cependant, si des modifications aux projets remis sont reconnues nécessaires et ordonnées, elles seront consignées au carnet d'attachements.

5° L'attachement complet des maçonneries des murs de soutènement, car, si un projet doit être dressé pour chaque cas, et indiquer la cote des fondations, autant que possible, d'après un sondage préalable, il peut se faire qu'à l'exécution, on doive augmenter (ou diminuer) cette cote, ce qui entraîne le changement de toutes les dimensions du mur et nécessite un attachement.

6° Les attachements des défenses hourdées (revêtement des fossés, perrés, descentes d'eau, etc...).

Carnet des défenses à sec. — On y inscrira les : Attachements des fouilles, des murs, perrés, revêtements des fossés, pierrés etc...,comme pour les ouvrages hourdés.

Carnet des tunnels. — On y inscrira:

1° Les procès-verbaux donnant les éléments d'implantation de chaque tunnel.

2° Les épaisseurs ordonnées pour la maçonnerie de chaque anneau de la voûte des piedroits et des radiers des tunnels.

3° Les surépaisseurs, bien qu'elles soient à la charge de l'Entrepreneur, devront être néanmoins relevées au carnet, sur sa demande, et sans que cette constatation puisse lui créer un droit quelconque, mais elle peut être nécessaire pour l'examen de ses réclamations ultérieures.

Carnet des divers. — On y inscrira : les fouilles et les maçonneries exécutées sur ordre, en dehors de la *ligne normale,* des bâtiments et accessoires.

Le cube définitif du ballast donnera lieu à des attachements sur le même carnet. On y consignera aussi les attachements concernant les voies et le matériel fixe.

En principe, les attachements, qui doivent être relevés toujours contradictoirement, entre l'agent de la Société et l'Entrepreneur, doivent être aussitôt datés et signés par l'agent et l'Entrepreneur. Ces signatures devraient même être apposées sur le terrain même, *mais en tous cas, une fouille d'ouvrage ne pourra jamais être maçonnée* tant que ces signatures n'auront pas été dûment apposées sur le carnet d'attachements.

Les petits carnets d'attachements ne seront remis aux Sous-Chefs et Conducteurs qu'après que le Chef de Section en aura numéroté et paraphé toutes les pages.

L'Entrepreneur conserve le droit de copier les attachements. Il peut exiger que l'agent de la Société signe son propre carnet, mais celui-ci s'assurera au préalable que les croquis cotés et calculs du carnet de l'Entrepreneur sont exactement les mêmes qu'à son carnet, qui, en tous cas, seul fera foi.

La Section vérifie, chaque mois, les carnets d'attachements, et peut y faire des corrections à l'encre rouge, pour relever les erreurs de calcul. La Division fait cette vérification également, elle adopte l'encre bleue pour ses corrections.

Le Sous-Chef de Section doit, lorsque ses carnets lui sont retournés, indiquer à l'Entrepreneur les corrections rouges et bleues qui y ont été faites et les lui faire approuver, par une signature spéciale à l'encre correspondante.

Les originaux des projets spéciaux pour ouvrages d'art, ouvrages de défense et autres seront annexés ultérieurement aux carnets d'attachements (grand format) du Chef de Section et serviront au décompte définitif.

Les attachements des parties variables portées au fur et à mesure de leur exécution dans les petits carnets d'attachements respectifs des Sous-Chefs de Section et des Conducteurs des travaux, seront rapportés pour le décompte définitif sur l'original du projet d'exécution qu'on dressera dès l'origine, de manière à rendre possible ce complément.

GRANDS CARNETS.

On ne rapportera dans le Grand Carnet que les dessins de détail nécessaires au décompte et on se référera aux cubes calculés dans le petit Carnet, par un simple renvoi au numéro et à la page du Carnet.

Tandis que le but des petits Carnets est de fixer au fur et à mesure de l'exécution les attachements qui ne seront plus visibles après l'achèvement d'un ouvrage, celui des Grands Carnets est de servir au décompte de chaque ouvrage et à la récapitulation d'un chapitre.

On distinguera les Grands Carnets par lot suivant les chapitres de la Série de Prix comme il a été dit pour les petits Carnets, pour les terrassements, les ouvrages d'art, les défenses, les tunnels et divers, qui comprendront les bâtiments, la pose, le ballastage, etc..

CARNETS VERTS.

Pour le relevé des attachements provisoires relatifs aux situations mensuelles, on se servira de feuilles volantes de l'imprimé n° 76 qu'on réunira pour chaque situation dans un carnet à couverture verte.

Ce carnet doit contenir tous les attachements et renseignements par ordre kilométrique, que le Sous-Chef ou Conducteur du lot relève sur le terrain, le 15 de chaque mois, jour de la situation, contradictoirement avec l'Entrepreneur ou son fondé de pouvoirs. Il y inscrira donc dans l'ordre où il les rencontre sur le lot, en partant de l'origine : les emprunts, les tranchées, les fouilles, les ouvrages d'art et de défense, les tunnels, etc... avec des croquis cotés à l'appui indiquant l'avancement; les approvisionnements avec les figures donnant les cubes; en un mot, tous les renseignements qui sont nécessaires pour permettre de faire au bureau les métrés à l'aide des profils en travers ou des projets d'exécution, de tous les travaux exécutés depuis l'origine et des approvisionnements existants au jour de la situation. Le carnet, ainsi que les métrés en minute seront annexés à la situation provisoire, mais seront retournés ensuite à la Section, qui formera un dossier de situations mensuelles comprenant le Carnet vert, les métrés et la situation en minute. On se rapportera au numéro et à la page du Carnet d'attachements définitfs pour les travaux ou parties d'ouvrages terminés, et au Carnet précédent pour toutes les parties sur lesquelles on n'a pas travaillé pendant le mois. Le Conducteur et l'Entrepreneur certificront la constatation contradictoire en apposant sur chaque page leur signature sans autre mention.

ORDRE DE SERVICE N° 14.

CLASSIFICATION DES TERRASSEMENTS.

Les Entrepreneurs essaient généralement de réclamer comme rocher, les tranchées difficiles qui ne sont pas du rocher compact à la mine.

Cette réclamation déguise une demande d'augmentation de prix.

Or, les augmentations de prix sont catégoriquement refusées, conformément à l'article 5 du contrat.

La Série de Prix ne prévoit que quatre catégories de terrassements, savoir:

N° 1. — Provenant d'emprunts en terrains de toute nature, autre que le rocher à la mine, transportés et déposés à moins de 90 mètres de distance.

Il n'existe généralement aucun doute ni aucune contestation sur cette catégorie.

N° 3. — Déblais provenant de tranchées en rocher compact à la mine.

Le mot « compact » précise nettement cette catégorie, les schistes décomposés, les argiles dures, les tufs durs et tous les terrains semblables en sont exclus.

N° 4. — Déblais n° 3 déposés à une distance inférieure à 90 mètres.

N° 2. — Comprend tous les déblais qui n'entrent pas dans ces trois catégories.

L'Entrepreneur conservera naturellement le droit de faire des mines dans des tranchées de cette nature pour faciliter les déblaiements; elles n'en seront pas moins comptées comme déblai ordinaire au prix n° 2.

Dans les tranchées mixtes, la quantité de rocher compact déblayé à la mine, sera constatée, pendant l'exécution, au moyen d'attachements (profils en travers) signés contradictoirement avec l'Entrepreneur, ainsi qu'il est dit dans l'observation, au n° 2 de la Série.

En observant strictement cette perscription, il ne peut y avoir de doute sur la manière de comptabiliser ces travaux.

Dans les tranchées contenant des blocs isolés de plus d'un mètre cube de grosseur, payables au prix n° 4 de la Série, la Section les mesurera, si l'Entrepreneur les a emmètrés convenablement aux abords de la tranchée. Les attachements en seront également consignés dans les Carnets.

Si le Directeur des travaux juge utile, dans l'intérêt de la marche des travaux, d'apporter des tempéraments au présent Ordre de service, des arrangements spéciaux, avec les Entrepreneurs, seront faits par lui, sur les lieux, lors d'une de ses tournées.

ORDRE DE SERVICE N. 15.

EXPROPRIATIONS,
PLANS PARCELLAIRE, CADASTRAL ET DE BORNAGE.

Le parcellaire devra être relevé sur 50 m. de chaque côté de l'axe, toutefois, la largeur du relevé sera augmentée suivant les besoins à la traversée des villages, au passage des terrains très accidentés et pour les emplacements des stations.

Le plan parcellaire contiendra l'indication des surfaces à exproprier, soit à titre définitif, soit à titre d'occupation temporaire, ainsi que les limites de ces surfaces.

On déterminera les surfaces à exproprier sur la base des prescriptions suivantes:

EXPROPRIATIONS DEFINITIVES.

L'expropriation définitive sera faite pour les surfaces nécessaires à l'établissement du corps de la voie proprement dit et pour la deuxième voie prévue à gauche de la ligne à exécuter, en ménageant un franc bord de 2 m. de largeur le long des pieds des remblais ou des crêtes des talus des tranchées et en prévoyant des talus de 1,5 pour les remblais et les tranchées ordinaires. La zône à exproprier pourra être réduite dans les tranchées en rocher qui permettent une inclinaison plus raide des talus.

Dans le cas d'un terrain incliné dans le sens transversal, le franc bord en aval du pied du remblai ou en avant des crêtes des tranchées sera porté si nécessaire à 3 m. ou 4 m. de largeur.

Les cavaliers de garde le long des crêtes des tranchées, les fossés d'écoulement au pied des remblais, enfin toutes les dépendances du corps de la voie proprement dite, et qui sont indispensables pour le bon entretien de la voie seront comprises dans les expropriations définitives. Il en sera de même pour les terrains qui ont dû être achetés pour l'établissement des chemins parallèles, les chemins vicinaux, les dérivations et déviations, les rampes de passages à niveau qui sont à ranger dans cette catégorie, mais ces terrains ne seront pas compris dans le bornage final et seront rendus aux communes ou aux propriétaires particuliers.

Les types des plans d'ensemble des stations indiquent les surfaces qui sont à exproprier définitivement à leurs abords.

EXPROPRIATIONS TEMPORAIRES.

On expropriera à titre temporaire les surfaces nécessaires aux emprunts servant à l'exécution des remblais et aux dépôts des tranchées, les carrières, les ballastières, les chemins provisoires qui, après l'achèvement de la ligne, retournent aux propriétaires.

Le talus des chambres d'emprunt le plus rapproché de la voie devra être établi avec une inclinaison de 1,5, tandis que celui du côté opposé aura une inclinaison de 1 mètre.

On calculera les surfaces des emprises avec une profondeur de 0 m. 60 jusqu'à 1 mètre, en ayant soin particulièrement de les disposer de façon à établir une pente continue vers les ouvrages d'art en vue de l'écoulement des eaux et de l'assainissement de l'assiette du chemin de fer.

Les chambres d'emprunt peuvent exceptionnellement atteindre une profondeur de 1 m. 50 à 2 mètres en cas de besoin.

Un franc bord de 1 mètre de largeur sera ménagé entre la limite de l'occupation temporaire et la crête de l'emprunt.

REDACTION DES PLANS ET TABLEAUX PARCELLAIRES.

En ce qui concerne la rédaction des plans, on procédera comme suit:

Le plan parcellaire, tel qu'il a été relevé sur le terrain, sera rapporté à l'échelle de 1:2.000ᵉ. On indiquera sur ce plan l'axe de la voie avec inscription des kilomètres et hectomètres par un trait fort, rouge ; les limites des parcelles, les cours d'eau, les chemins et les constructions se trouvant à proximité de la ligne, par des traits noirs; enfin, la limite des emprises définitives et temporaires par des traits rouges.

Les abcisses et les ordonnées des points de brisure de ces limites seront inscrites en chiffres noirs.

Le parcellaire devra être rédigé et présenté par commune; les parcelles seront numérotées en donnant le numéro 1 à la première parcelle de la commune.

Chaque plan parcellaire sera accompagné d'un Tableau des terrains à exproprier (dressé sur imprimé *ad hoc*) qui contiendra le numéro de la parcelle, le nom de son propriétaire, le domicile de ce dernier, la culture du terrain, la surface en mètres carrés et la désignation si l'expropriation est difinitive ou temporaire.

On enverra à la Direction un calque sur toile de ce plan avec une copie du tableau. Le calque ne devra porter aucune teinte, les expropriations temporaires seules seront distinguées par des hachures jaunes.

Il est indispensable de tenir à jour la minute du plan parcellaire et le tableau correspondant en portant sur ces documents en cours de travaux les modifications qui auraient pu se produire.

Ce plan et tableau formeront, en fin de travaux, la base pour l'établissement du plan cadastral.

REDACTION DU PLAN CADASTRAL ET DU TABLEAU ANNEXE.

On indiquera sur ce dernier plan (échelle 1/2.000ᵉ) l'axe de la ligne avec kilomètres et hectomètres, les pieds et crêtes des talus, les cours d'eau et passages à niveau, les stations et bâtiments, les limites des communes et des parcelles, enfin les limites avec coordonnées des terrains restant définitivement acquis au chemin de fer.

La tableau annexé à ce plan cadastral sera la copie du tableau parcellaire tenu à jour et portant toutes les modifications reconnues nécessaires pendant les travaux.

Les plans d'expropriation pour carrières, ballastières, dépôts, baraquements, chemins de service, etc., qui ne se trouveraient pas à proximité de la ligne devront néanmoins indiquer l'axe de la ligne, et les terrains à exproprier devront être rattachés par des coordonnées à l'axe du chemin de fer.

BORNAGE.

Après l'achèvement du plan cadastral, conformément aux indications ci dessus, on procédera à l'établissement du bornage.

On placera les bornes tous les 50 mètres dans les courbes de 500 mètres et au-dessous, tous les 100 mètres dans les courbes de 550 mètres et dans les alignements.

Ces dernières bornes seront posées de préférence en face des poteaux hectométriques qui sont plantés le long de la ligne.

Il va sans dire qu'en outre, tous les points de brisure de la limite du terrain seront marqués par des bornes.

Les bornes seront posées par les soins de la Section, qui dressera la partie en français des procès-verbaux de bornage contradictoires.

Les Commissaires d'expropriation de la Régie Générale rédigeront la partie en langue officielle et feront les démarches nécessaires pour la signature des procès-verbaux par les chefs des communes traversées.

La Section devra fournir deux exemplaires des procès-verbaux de bornage et deux calques sur toile du plan cadastral.

Première Annxe à l'Ordre de Service N° 15.

A.

Traduction de la Loi sur l'expropriation des terrains pour utilité publique.

TITRE I

DISPOSITIONS GENERALES.

ARTICLE PREMIER. — Seront expropriés de la main des propriétaires pour utilité publique, les terrains construits ou non construits, après achat contre paiement du montant évalué, dans le but de construire, d'élargir ou d'ouvrir des rues, places, emplacements, de bazars et échelles, jardins publics, canaux d'eaux, rivières, ports, docks, chaussées, chemins de fer, fontaines publiques, hôpitaux, casernes, écoles publiques et toutes constructions pour la salubrité publique.

ART. 2. — Pour l'exécution des travaux et constructions d'utilité publique à Constantinople, il est nécessaire d'acquérir un Iradé Impérial qui est délivré sur la décision du Conseil d'Etat et sur celle du Conseil d'Administration des vilayets pour l'exécution des travaux et constructions dans les vilayets et sur la décision du Conseil d'Etat pour l'exécution de grands travaux entre deux ou plusieurs vilayets. Le Décret du Gouverneur Général suffirait à cet égard, qui serait délivré à la suite de la décision du Conseil d'Administration du vilayet, si les travaux sont destinés pour l'utilité du même vilayet.

ART. 3. — Il ne sera pas procédé à l'évacuation d'aucun immeuble à exproprier ni opposé un empêchement à la jouissance de l'immeuble, s'il n'est pas payé au propriétaire le montant total du prix fixé dudit immeuble, et, en cas de procès, si le jugement n'est pas rendu par le Tribunal compétent; par conséquent, ces droits de propriété ne seront éteints que lorsque le paiement total sera effectué. Pour ce qui concerne les terrains qui seront expropriés gratuitement, en vertu de la Loi des Ponts et Chaussées, et de celle des Constructions à l'ouverture et à l'élargissement, il sera procédé dans ce cas conformément à ces lois.

ART. 4. — En cas de procès, les Tribunaux ne peuvent prononcer pour l'expropriation s'il n'est pas prouvé que les formalités requises en cette matière n'aient été remplies conformément à cette loi.

TITRE II

CONDITIONS D'EXPROPRIATION.

ART. 5. — Il est dressé, avant tout, les croquis et plans des terrains et constructions à être expropriés pour l'utilité publique.

ART. 6. — L'évaluation du prix d'un immeuble doit avoir lieu par trois experts jurés qui seront désignés par la Municipalité du lieu et des conseils des villages; les honoraires de ces experts seront fixés par le Conseil de la Municipalité et payés par l'Administration qui demande l'expropriation.

Art. 7. — Les experts désignés dans l'article précédent seront accompagnés de quatre membres du Conseil de la Municipalité, d'un fonctionnaire de Cheikislamat et d'un fonctionnaire du Vakouf, ou de l'Administration du Cadastre; ils se rendront sur les lieux du terrain ou de la construction à exproprier; ils procéderont avec beaucoup d'attention à l'évaluation du prix après les avoir mesurés et être renseignés d'autres experts; ils dresseront un rapport qui sera signé par les sus-nommés et remis au Conseil de la Municipalité.

Art. 8. — Il sera affiché à la porte de la Municipalité, pendant huit jours, ou à la place désignée pour les affiches dans la maison municipale du lieu où l'expropriation aura lieu, le croquis de l'immeuble, le nom du propriétaire et le prix évalué. Il sera publié dans les les journaux, dans les lieux où il paraît des journaux. Il sera en outre affiché un avis sur l'immeuble à exproprier.

Art. 9. — Il sera reconnu bons et valables devant les Tribunaux, les procès-verbaux et autres formalités tenues par la Municipalité et par la Commission des arbitres.

Art. 10. — Les propriétaires des immeubles feront leur opposition par écrit ou verbalement au Président de la Municipalité dans le délai de huit jours prévu dans l'article 8. Le Président, après avoir pris note de la déposition du propriétaire, la renverra devant le Conseil de la Municipalité.

Art. 11. — Le Conseil de la Municipalité examinera l'opposition des propriétaires et celle de l'Administration qui demande l'expropriation, et, s'il croit nécessaire, il invitera, dans le délai de huit jours, les propriétaires en question et émettra son avis après les avoir entendus. Seront présents au Conseil les experts qui ont évalué le prix, ainsi que les autres fonctionnaires.

Art. 12. — Après examen de la question par le Conseil de la Municipalité, il sera rendu par ce dernier un procès-verbal motivé qui sera soumis du Ministère de l'Intérieur si l'expropriation se fait à Constantinople, et au Gouverneur Général, si elle se fait dans les vilayets.

Art. 13. — Si la réponse au procès-verbal désigné dans l'article 12 serait arrivée et qui ordonnerait l'expropriation, il en sera donné avis aux propriétaires, indiquant le jour où la prise en possession aura lieu. Il sera également publié dans les journaux.

Art. 14. — Il sera procédé à l'achat de l'immeuble à exproprier, conformément à la Loi y relative, après paiement de la valeur au propriétaire de l'immeuble qui consent à l'expropriation. Il sera intenté une action devant le Tribunal compétent contre ceux qui n'adhèrent pas à la valeur fixée.

Art. 15. — L'expropriation des immeubles appartenant aux interdits judiciaires, aux mineurs et aux absents se fera en présence des tuteurs et des mandataires réguliers. Les formalités de la vente seront opérées par l'entremise de ces derniers. Il sera procédé de même pour l'expropriation des immeubles appartenant au Gouvernement, en présence des mandataires nommés par le Ministère des Finances ou par le Département compétent du Gouvernement.

Art. 16. — Au cas où, dans le délai d'une année à partir du jour de la décision ordonnant l'expropriation, il n'a pas été pris possession de l'immeuble à exproprier, les propriétaires peuvent demander par requête que la décision en question soit annulée, et qu'il soit rendu une nouvelle décision ordonnant l'expropriation ou en passer outre.

Le Tribunal qui en sera saisi se prononcera aux fins de droit dans le délai d'une semaine après examen.

Art. 17. — Les propriétaires sont obligés de déclarer accepter la somme offerte ou bien présenter leurs griefs dans le délai de quinze jours, à partir du jour de l'avis prévu dans l'article 15.

Art. 18. — La valeur des immeubles appartenant aux mineurs, aux interdits judiciaires et aux absents sera remise à leurs tuteurs ou à leurs mandataires en vertu de l'autorisation du juge et suivant la procédure en vigueur.

Art. 19. — La valeur des immeubles appartenant à l'Etat ou aux municipalités sera remise au Département compétent, contre quittance en règle.

Art. 20. — Au cas où la somme offerte ne serait pas acceptée, on fera recours au Tribunal où il sera procédé conformément au **Titre III**.

TITRE III

Art. 21. — Au cas où il sera intenté une action contre l'évaluation du prix, en plus ou en moins d'un immeuble, le Tribunal qui en sera saisi ordonnera une Commission d'arbitres. Cette Commission sera composée de sept membres au moins, ou de dix ensemble au plus; ils seront pris parmi les personnes propriétaires d'immeubles qui ont eu plus de votes après celles qui ont été élues comme membres de la Municipalité du lieu où se trouve situé l'immeuble à exproprier. Un des membres de cette Commission sera désigné par le Tribunal pour être Président de la Commission.

Art. 22. — Immédiatement après la constitution de la Commission, les parties seront invitées par devant elle.

Art. 23. — Les propriétaires, les locataires, les personnes qui ont pris en hypothèque l'immeuble à exproprier contre une somme avancée, et celles qui ont un intérêt dans l'augmentation du prix de l'immeuble en question ne peuvent devenir membres de cette Commission.

Art. 24. — Il sera élu, conformément à l'article 21, d'autres membres à la place de ceux qui auront donné leur démission ou qui n'auront pas continué à siéger à la Commission.

Art. 25. — Le Président et les membres de la Commission prêteront serment devant le Tribunal à l'effet de se conduire avec impartialité et loyauté.

Art. 26. — Immédiatement après la formation de la Commission, le Président présentera à la Commission le croquis et le plan de l'immeuble à exproprier et désignera le nom des propriétaires ainsi que le prix évalué. Les parties seront entendues par devant la Commission, et leurs dépositions seront enregistrées. Un ou plusieurs membres de la Commission se rendront, s'il y a lieu, à la situation de l'immeuble pour y faire une inspection.

Art. 27. — Lorsque la Commission aura terminé ses travaux, elle se retirera dans la chambre de délibération, où elle délibérera; au cas où il y aurait partage des voix, les membres à l'avis desquels le Président adhérerait emporteront. Après délibération, la Commission dressera un rapport indiquant le prix évalué par elle et le transmettra au Tribunal. C'est à la suite de ce rapport que le jugement du Tribunal sera rendu.

Art. 28. — Il sera alloué une indemnité, à titre de frais de transport, aux locataires des immeubles à exproprier, dont les baux ne seront pas encore échus.

Art. 29. — La décision de la Commission arbitrale n'est pas susceptible d'appel.

Art. 30. — Les propriétaires des immeubles qui ne seront pas satisfaits du jugement du Tribunal auront droit de se pourvoir en cassation dans le délai de quinze jours de la signification dudit jugement; après expiration de ce délai, ils seront déchus de leur droit de recours.

Art. 31. — S'il est nécessaire de couper pour utilité publique au moins le quart d'un immeuble, sur la demande du propriétaire de la bâtisse, il sera acheté la totalité de cet immeuble. Au cas où il sera nécessaire de couper la moitié au moins d'un terrain dont le propriétaire n'a pas d'autre terrain contigu, et que le restant du terrain à exproprier ne peut servir à quelque chose, il sera acheté la totalité de ce terrain sur la demande de ce propriétaire.

TITRE IV

PAIEMENT DE LA CONTRE-VALEUR.

Art. 32. — La prise en possession d'un immeuble dont l'expropriation est reconnue nécessaire pour l'utilité publique est subordonnée en tous cas au paiement de la contre-valeur de l'immeuble adjugé par le Tribunal entre les mains du propriétaire. Au cas où ce dernier refuserait de l'accepter, la somme adjugée sera déposée à la Banque Ottomane, si l'immeuble est situé à Constantinople, et à ses succursales s'il est situé dans les vilayets. S'il n'y a pas de succursale de cette Banque, elle sera déposée dans les caisses de l'Etat ; après cette formalité, la prise en possession de l'immeuble aura lieu.

DISPOSITIONS SPECIALES POUR LES FORTERESSES.

Art. 33. — Les constructions et travaux pour les forts et forteresses seront faits conformément à la procédure adoptée jusqu'à présent par les administrations militaires et en vertu de nouvelles prescriptions qui seront publiées ultérieurement.

Art. 34. — A partir de la publication de la présente loi, l'ancien règlement sur l'expropriation des immeubles publié le 4 Redjeb 1272 est et demeure abrogé.

Appendice à la Loi d'expropriation d'immeubles.

Lorsque les formalités prévues dans le titre II de cette loi auront été remplies, et si le propriétaire de l'immeuble ne consent pas à accepter le montant fixé, il sera déposé la somme évaluée avec une augmentation de 20 0/0 à la Banque Ottomane ou bien à un établissement reconnu par la Loi. Après que la quittance qui sera délivrée à cet effet sera remise à l'autorité d'exécution, l'immeuble en question sera livré par l'Etat à l'acheteur, et cela sans porter aucun préjudice aux droits des parties prévus dans ladite Loi.

Sanctionné par Iradé Impérial en date du 1ᵉʳ Décembre 1893 (v. s.).

Deuxième Annexe à l'Ordre de Service N° 15.

B.

Copie d'une lettre

du Ministère des Travaux publics en date du 24/8 Mars 1893,

Sub. N° 66.684 x 79.

J'ai pris connaissance de votre lettre du 4 Octobre 1892 sub. n° 477 X 72 par laquelle vous demandez de faire le nécessaire à l'effet de lever les difficultés que vous éprouvez du chef de l'expropriation des terrains grevés d'hypothèques.

S. A. le Grand-Vizir porte à ma connaissance, par Bouyourouldou, que la section législative du Conseil d'Etat ayant examiné la question est d'avis que: En vue de ne pas porter préjudice à l'exécution des travaux d'utilité publique par suite des retards apportés dans l'expropriation pour cause d'utilité publique, en conformité de la loi sur l'expropriation, de terrains frappés de séquestres ou d'hypothèques, il y a lieu de faire le transfert de ces terrains après avoir déposé à Constantinople à la caisse d'épargne, et dans les provinces, aux succursales de la Banque agricole ou à ses caisses, le montant des prix qui seraient évalués pour des terrains de cette nature, en conformité de ladite Loi, mais à la condition que le montant de ces prix soit remis à qui de droit en conformité du jugement qui serait émané ultérieurement à cet effet, et que la personne qui serait reconnue propriétaire de ces terrains conserve son droit d'opposition, en conformité de ladite Loi; S. A. m'informe qu'il a fait des communications au Ministère de la Justice et du Cadastre, d'avoir à se conformer à cette décision du Conseil d'Etat.

Mon Département ayant, en conformité de la communication Grand-Vizirielle, informé du fait qui de droit, je viens vous en informer aussi pour votre gouverne.

Veuillez agréer, etc.

Le Ministre des Travaux Publics,

(Signé) HUSSEIN TEWFIK.

Troisième Annexe à l'Ordre de Service N° 15.

C.

Note sur l'expropriation des immeubles pour l'utilité publique.

Les expropriations pour cause d'utilité publique sont réglées par la Loi Ottomane sur l'expropriation des immeubles, promulguée par Iradé Impérial en date du 24 Novembre 1879 et d'après l'appendice de cette Loi du 1er Décembre 1882 (v. s.).

1°) Les dispositions des deux premiers articles de cette Loi relatives à l'expropriation des immeubles pour l'utilité publique et à l'obtention de l'autorisation du Gouvernement Ottoman pour effectuer cette expropriation, doivent être considérées comme accomplies par le firman Impérial qui sanctionne la concession du chemin de fer.

2°) D'après l'article 3 du titre I de cette Loi, pour prendre possession d'un terrain à exproprier pour l'utilité publique, deux conditions principales sont nécessaires:

a) Paiement de la contre-valeur du prix de l'immeuble entre les mains du propriétaire.

b) Obtention d'un jugement par le Tribunal compétent au cas où il y aurait contestation sur le prix évalué. (La seconde condition peut être considérée comme abrogée par l'appendice de cette Loi.)

3°) D'après le Titre II, pour exproprier un immeuble, on doit dresser d'abord le croquis et le plan du terrain ou de la construction à être expropriée.

4°) Pour l'évaluation du prix de l'immeuble, il est nécessaire qu'une Commission d'expertise soit formée, composée de trois personnes désignées par la Municipalité du lieu de l'immeuble et par le Conseil du village du même lieu. Cette Commission, accompagnée des quatre membres du Conseil de la Municipalité du lieu de l'immeuble, d'un fonctionnaire du chéri et d'un autre fonctionnaire du Vakouf ou de la Direction du Cadastre, se rendra sur les lieux et procédera à la mesure du terrain à exproprier et fixera le prix de l'achat après avoir pris l'avis des personnes compétentes. Un procès-verbal sera dressé à cet effet et signé par les membres de la Commission et par les personnes présentes, dont l'extrait sera publié dans les journaux et affiché pendant huit jours à la porte de la Municipalité.

5°) Les propriétaires des immeubles ont droit de faire opposition dans ledit délai de huit jours, contre le procès-verbal en question devant le Conseil de la Municipalité du lieu de l'immeuble, ce dernier, après avoir entendu les parties, les membres de la Commission d'expertise et les fonctionnaires participant à la Commission rendra sa décision.

La Municipalité du lieu transmettra au Ministère de l'Intérieur le rapport concernant ladite décision si l'expropriation se fait à Constantinople; elle le soumettra au Gouverneur Général si l'expropriation se fait dans l'intérie ...

Au cas où la réponse du rapport ordonne l'expropriation, il en sera donné avis aux intéressés aussitôt reçue, et publication en sera faite dans les journaux.

Ainsi l'achat du terrain aura lieu conformément à la Loi y relative, lorsque le propriétaire consent à accepter le prix offert; au cas où il y a refus de sa part, dénoncé dans le délai de quinze jours, il sera intenté contre lui une action devant le Tribunal compétent. (Cette dernière disposition paraît être abrogée par l'appendice de cette Loi.)

6°) Pour l'expropriation des immeubles appartenant aux mineurs, interdits judiciaires et aux absents, il sera traité avec leurs tuteurs ou mandataires légaux, et pour celle des immeubles appartenant à l'Etat, avec le mandataire désigné par le Ministère des Finances ou le Département compétent.

Les cotes rattachées à celle du piquet d'axe, devront être calculées tous les jours sur le terrain et seront passées à l'encre, une fois vérifiées au bureau de la Section.

Les profils en travers seront relevés au niveau ou, si nécessaire, au moyen de règles, mais on pourra également les extraire de plans tachéométriques relevés avec le plus grand soin et rapportés au 1:500.

RELEVE DU PLAN PARCELLAIRE.

Ce plan sera relevé sur le terrain, soit au tachéomètre, soit au goniomètre, aussitôt après le piquetage et s'étendra sur 50 m. de chaque côté de l'axe.

La largeur du relevé doit être augmentée suivant les besoins, à la traversée des villages, sur des terrains très accidentés et à l'emplacement des stations.

Les carnets du plan parcellaire, contiendront les croquis, les ordonnées et abcisses sur l'axe, les noms des propriétaires et la valeur du terrain, la nature de la culture et des plantations.

RELEVE DES PLANS COTES.

Pour les ouvrages de toute nature, on relèvera des plans cotés spéciaux, soit au tachéomètre, soit par des profils spéciaux sur une étendue suffisante pour permettre l'étude du projet d'exécution de l'ensemble de l'ouvrage, avec dérivation et défenses, s'il y a lieu.

TRAVAUX DE BUREAU.

Lorsque les levés sur le terrain seront suffisamment avancés, on procédera aux travaux de bureau dans l'ordre suivant:

PROFIL EN LONG.

On rapportera le profil en long d'exécution suivant le nivellement des piquets et conformément au modèle n° 2.

La nivelette sera établie suivant les mêmes principes indiqués plus haut, pour le profil en long tachéométrique. On suivra, autant que possible, les pentes et rampes, qui y étaient prévues, sans toutefois s'y tenir rigoureusement, en raison des modifications possibles, entre le terrain nivelé et le relevé au tachéomètre. On tâchera cependant de ne pas dépasser la rampe maxima prévue sur la partie correspondante du projet tachéométrique et qui aura été approuvée par le Gouvernement.

Ce profil, si nécessaire en tronçons d'au moins 2 kilomètres, sera expédié aussitôt que possible à la Direction pour approbation. Celle-ci, après examen, donnera le « bon à exécuter ».

Aucune modification ultérieure ne pourra être faite au profil en long, sans approbation préalable de la Direction.

RAPPORT ET CALCUL DES PROFILS EN TRAVERS.

Les profils en travers seront rapportés à l'échelle de 1:200 suivant le modèle n° 5 sur du papier quadrillé au format de $\dfrac{0.31}{0.21}$ en forme de cahier réunissant un ou plusieurs kilomètres entiers. On ne dessinera que sur un côté de la feuille.

Le terrain et ses cotes seront aussitôt passés à l'encre. Le gabarit des terrassements à exécuter y sera dessiné au crayon et ne sera passé à l'encre rouge qu'après leur achèvement.

Les surfaces seront calculées au planimètre ou par la méthode de décomposition en figures élémentaires, ce qui évitera d'y revenir plus tard. Les éléments des multiplications et les résultats seront inscrits au crayon sur le profil en travers lui-même.

METRE DES TERRASSEMENTS.

On procédera ensuite au métré des terrassements sur l'imprimé n° 66 et on établira le cube des emprunts nécessaires en tenant compte des observations sur le décompte des terrassements contenues dans la Série des Prix.

MOUVEMENT DES TERRES.

Ce travail fini, on établira le mouvement des terres, graphique, suivant le modèle n° 6.

Ce mouvement des terres indiquera les cubes des tranchées, en rocher et en terre, leurs distances et sens de transport, les cubes des emprunts, les fossés, cavaliers, passages à niveau, dépôts, etc., enfin il donnera toute la disposition des terrassements.

Ce mouvement des terres qui devra être approuvé par l'Ingénieur en Chef et qui sera rédigé en tenant compte des coefficients de foisonnement conventionnels prévus à la Série des prix, ne sera pas remis aux Entrepreneurs. Il devra servir de guide aux Chefs de Section et Sous-Chefs. Ceux-ci indiqueront verbalement aux Entrepreneurs, les quantités approximatives devant être transportées, dans un sens ou dans l'autre.

PLAN D'EXECUTION.

Sur la base du mouvement des terres, on rédigera à l'échelle de 1:2.000 un plan d'exécution suivant le modèle n° 7, qui indiquera le corps de la voie, les emprunts, fossés, cavaliers, passages à niveau, emplacement des stations et maisons de garde, les dérivations des cours d'eau et déviations de routes, les ouvrages d'art, en un mot, ce plan sera le projet complet du futur chemin de fer.

PLAN PARCELLAIRE.

Le plan parcellaire sera rapporté, conformément au modèle n° 8 au 1:2.000, sur la base des relevés faits à cet effet sur le terrain. On y tracera les limites des emprises fixées par le plan d'exécution, en tenant compte des instructions de l'Ordre de service n° 12 concernant les expropriations et la rédaction des plans parcellaires.

Les plans parcellaires — avec les tableaux (sur l'imprimé n° 73) — devront être présentés à la Direction en un calque aussi rapidement que possible car l'expropriation des terrains et par suite l'attaque des travaux ne pourront se faire qu'après l'approbation ministérielle de ces plans.

PROJETS D'EXECUTION DES OUVRAGES D'ART.

Les sections rédigeront les projets des ouvrages de moins de 20 m. d'ouverture et des ouvrages de défense courante, en se conformant aux types et ordres de services spéciaux. Ces projets devront être soumis en original, avec un calque sur toile, à l'approbation de l'Ingénieur en Chef. La Direction fera tirer le nombre de « bleus » nécessaires à l'exécution. Les calques seront soigneusement conservés dans les dossiers de la Direction et finalement complétés par le dessin des fondations, telles qu'elles auront été exécutées. Les projets des ouvrages d'art dont l'ouverture dépasse 20 m., ainsi que ceux des murs de soutènement, et d'assainissements importants, seront élaborés par les soins de l'Ingénieur en Chef et soumis à l'approbation de la Direction.

Les projets spéciaux des ponts et viaducs en courbe, seront élaborés par les soins de la Direction.

PROJETS D'EXECUTION DIVERS.

Les projets d'exécution des stations ordinaires, élaborés par les Sections, en conformité des types approuvés par le Gouvernement et ceux des stations militaires et autres importantes, hors type, rédigés par les soins de l'Ingénieur en Chef, seront soumis à l'approbation de la Direction.

Les Sections rédigeront également les projets d'exécution pour les dérivations, déviations, passages à niveau, emplacements de maisons de garde, défenses, consolidations, drains d'assainissement ouverts ou en galeries, têtes de tunnel, en un mot, les projets pour tous les travaux qu'on ordonnera aux Entrepreneurs.

METRES DES OUVRAGES D'ART.

Les métrés des ouvrages d'art ou de défense devront être faits en temps utile pour servir de base au devis général. On fera les avant-métrés exacts pour les ouvrages projetés, ou, si le délai n'a pas permis de faire tous les projets, on emploira pour déterminer le cube des autres ouvrages, les formules et méthodes d'approximation habituelles. (Voir les Instructions pour la rédaction et les métrés des ouvrages d'art.).

RECHERCHES DES CARRIERES, BALLASTIERES ET SABLIERES, DES BRIQUETTERIES, FOURS A CHAUX, ETC.

Pendant les études sur le terrain, on notera, aux environs de la ligne, tous les points où il existe de la pierre, du ballast et du sable, du bois, des briques, des fours à chaux grasse, etc., et on recherchera les points où, s'il est nécessaire, on pourra ouvrir de nouvelles carrières. On distinguera spécialement celles pouvant fournir de la pierre de taille. On indiquera la nature des matériaux et la distance perpendiculaire à l'axe du lieu d'extraction, de façon à pouvoir fournir ces renseignements à l'Ingénieur en Chef, sur un extrait de la carte au 1:100.000.

SONDAGES.

Afin de reconnaître la nature des tranchées, l'Ingénieur en Chef, fera exécuter des sondages jusqu'à la plateforme (ou au moins jusqu'à 1 m. de profondeur dans le roc vif). On exécutera ces sondage à la tâche.

Le résultat sera indiqué par la Section sur les profils de sondages spéciaux qui renseigneront sur l'épaisseur des couches, leur nature, la manière dont la fouille pourra être exécutée (pelle, pioche, pince, mine) et une évaluation moyenne du prix de la fouille de la tranchée.

Aux ouvrages d'art importants, on fera des sondages à la sonde, pour déterminer la nature du sous-sol, ce qui permettra d'établir le projet de fondations de l'ouvrage, en connaissance de cause.

Les résultats de tous ces sondages seront remis en temps utile à l'Ingénieur en Chef, pour servir à l'établissement des Séries de prix et des projets des grands ouvrages.

ANALYSE ET SERIE DES PRIX.

Ces documents seront établis par les soins de MM. les Ingénieurs en Chef, qui les soumettront à l'examen et à l'approbation de la Direction, dans les délais qui seront indiqués.

DEVIS GENERAL.

Le devis général devra être élaboré par les Sections sur l'imprimé n° 74, et après vérification par les Ingénieurs en Chef, envoyé à la Direction dans les délais qui seront indiqués.

Ce devis portera les cubes exacts, sans majoration, résultant des métrés des terrassements et des ouvrages d'art. On appliquera à ces cubes les Prix des séries, avec les majorations ou rabais convenus, avec les Entrepreneurs.

Les majorations et marges pour imprévus qui peuvent être nécessaires seront ajoutées par la Direction.

ORDRE DE SERVICE N° 13.

PROJETS D'EXECUTION ET CARNETS D'ATTACHEMENT.

Conformément à l'article 3 du Contrat et à l'article 2 du Cahier des Charges, la Régie Générale doit remettre à l'Entrepreneur les plans, profils, projets et autres documents techniques nécessaires à l'exécution de ses travaux, ainsi que l'axe piqueté.

REMISE DE L'AXE.

Cette dernière opération, c'est-à-dire la remise de l'axe tracé et piqueté sera faite par procès-verbal inscrit sur le carnet d'attachement des terrassements du Sous-Chef de Section ou Conducteur et signé par l'Entrepreneur.

PROJETS D'EXECUTION.

Il est formellement interdit d'ordonner un travail quelconque *de n'importe quelle importance,* sans remettre à l'Entrepreneur, par écrit, un projet complet avec plan et profil parfaitement cotés et précisant la nature des travaux à exécuter.

En conséquence, les Sections dresseront pour tous les ouvrages d'art, les ouvrages de défense, les déviations et dérivations, les passages à niveau, les stations, etc., des projets spéciaux à une échelle convenable et au format de m × 21 × 31 qu'elles soumettront en original, accompagné d'un calque sur toile, au fur et à mesure de leur rédaction, à l'approbation de l'Ingénieur en Chef, lequel retournera à la Section l'original des projets approuvés, avec trois « bleus » dudit projet.

Aucun projet ne devra être remis à l'Entrepreneur sans la formule « bon à exécuter » signée par l'Ingénieur en Chef ou le Directeur des travaux, en conformité de l'Ordre de service n° 4.

Les plans porteront un numéro d'ordre et le numéro de la Section et du Lot, la désignation et la position kilométrique de l'ouvrage, une légende indiquant la nature des travaux des différentes parties de l'ouvrage et les numéros correspondants de la Série de prix.

Ils porteront, en outre, la date de la rédaction et la signature du Chef de Section, lequel est *seul responsable* de toutes les erreurs de cotes. La même formalité sera observée pour tous les profils en travers.

Les Chefs de Section remettront, annexé à une lettre d'envoi, aux Entrepreneurs, un des « bleus » des projets approuvés. Ces projets porteront le numéro et la date de la lettre d'envoi.

Un exemplaire du profil d'exécution, approuvé par le Directeur des travaux, sera remis à l'Entrepreneur, si nécessaire, en tronçons d'au moins 2 kilomètres. L'Entrepreneur pourra prendre copie des profils en travers mais au bureau de la Section seulement, les originaux ne devant jamais sortir des bureaux de la Régie Générale.

RECONNAISSANCE DES PROFILS EN TRAVERS.

Avant d'attaquer les terrassements, l'Entrepreneur devra vérifier et accepter le terrain rapporté en noir et signer en noir toutes les feuilles des profils en travers avec la mention:

« Lieu et date »

« Vérifié et accepté par l'Entrepreneur »

ETAT DESCRIPTIF DES OUVRAGES D'ART.

Le Chef de Section devra, en outre, rédiger l'état descriptif des ouvrages d'art de la Section sur imprimé spécial. On ne mentionnera que les ouvrages sous la voie, les ponts métalliques, les aqueducs voûtés, dallots et buses.

Tous ces documents, dont un exemplaire est destiné au Ministère et l'autre à la Compagnie concessionnaire, devront être signés, non seulement sur l'entête, mais sur le plan même par le Commissaire du Gouvernement et le Chef de Section, et vus par l'Ingénieur en Chef.

ACQUISITION DES TERRAINS.

L'acquisition des terrains, soit à titre d'expropriation définitive, soit à titre d'expropriation temporaire, sera faite sur la base des plans et tableaux parcellaires, approuvés par le Ministre, dont un exemplaire sera retourné à chaque Section.

Elle sera faite conformément aux dispositions de la Convention et du Cahier des charges de la concession, soit à l'amiable, soit en appliquant la loi sur l'expropriation, sanctionnée par un Iradé Impérial du 24 novembre 1879 et son annexe sanctionnée le 1er décembre 1882, dont copies ci-après.

Les opérations d'expropriation doivent commencer immédiatement après l'établissement du plan parcellaire, sans préjuger de la manière, à l'amiable ou autrement, dont se fera l'expropriation.

La Direction, en conformité du Cahier des charges de la concession, devra demander officiellement, par lettre adressée au Commissaire impérial, LL. EE. les Valis et Mutessarifs des vilayets et sandjaks traversés par la ligne, la remise des terrains nécessaires à l'établissement du chemin de fer, ce qui, conformément au Cahier des charges, doit être fait dans les deux mois de la demande.

Cette manière de procéder est indispensable pour permettre l'attaque des travaux avant l'accomplissement des formalités requises par la loi, souvent fort longues.

On rappelle que les expropriations des terrains nécessaires aux entrepreneurs sont à la charge de ces derniers, et que la Régie Générale intervient seulement pour obtenir les autorisations d'exproprier nécessaires; elle met également, sur la demande des entrepreneurs, ses Agents d'expropriation à leur disposition pour faciliter les opérations.

Pour l'exécution matérielle des opérations d'expropriation, les Commissaires d'expropriation attachés à la Direction seront placés, selon les besoins, sous les ordres des Chefs de Section sur le parcours desquels ils opèrent.

A. — Acquisition à l'amiable.

Il y a lieu d'abord de chercher à traiter directement à l'amiable avec les propriétaires, et nous rappelons que pour qu'une convention de l'espèce soit valable, il est nécessaire que la déclaration de l'accord soit faite par les propriétaires en présence de l'Erasi Memour et du Cadi.

Dans le cas où on éprouverait une certaine résistance à opérer directement à l'amiable, nous recommandons le procédé suivant, méthode semi-officielle qui ne peut être appliquée qu'avec le concours bienveillant des autorités quand elles veulent bien s'y prêter. Voici en quoi elle consiste:

Le Chef de Section ou son délégué, appuyé par le Commissaire Impérial, doit demander officieusement au Kaïmacam, Mudir ou Mouchtar de l'endroit, de rassembler le Medjliss et l'inviter à fixer une série de prix pour chaque commune où il y a des expropriations à faire.

Cette série de prix, établie par Deunum de 1.000 archines carrées, soit 900 mètres carrés, contiendra des prix en piastres argent pour les catégories et qualités suivantes:

SERIE DE PRIX

Nos d'Ordre	CATEGORIE DES TERRAINS	PRIX PAR DENUM EN PIASTRES ARGENT	
		Pour expropriation définitive	Pour occupation temporaire
	I Catégorie: Plantations de muriers, vignes, tabac, coton ou jardins fruitiers.		
1	Première qualité		
2	Deuxième qualité.		
3	Troisième qualité.		
	II Catégorie : Champs, labourés, de blé, tabac, d'opium, de coton.		
4	Première qualité		
5	Deuxième qualité.		
	III Catégorie : Prairien, pâturages et champs en friche.		
6	Première qualité . . . .•.		
	IV Catégorie : Terrains incultes.		
7	Première qualité		

Pour la fixation de ces prix, le Medjliss se basera sur ceux usités jusque-là dans la commune.

La série ainsi établie sera communiquée au Commissaire Impérial et au Chef de Section qui l'examineront et la retourneront au Medjliss, acceptée ou modifiée. Après une entente entre les parties, et après la signature générale du Mazbata, les prix seront désormais applicables à toute l'étendue de la commune.

La série de prix sera immédiatement communiquée à la Direction pour approbation, ce qui n'empêchera pas de procéder à la classification des terrains par les experts. Dans le cas où les prix de la série dépasseraient notablement les limites fixées d'avance, les Ingénieurs, Chefs de Section devraient en référer à la Direction.

ESTIMATION DES TERRAINS.

Après approbation de la série des prix, le Medjliss nommera une commission de quatre membres experts, qui ne devront être ni propriétaires ni acheteurs. Cette commission se rendra, en compagnie du Commissaire des expropriations et du Chef de Section ou de son délégué, sur les lieux et classifiera les terrains suivant la série de prix arrêtée.

La limite des emprises sera tracée sur le terrain par les soins de la Section, au moyen de rigoles de 0,30 de profondeur et de 0,20 au plafond. Ce travail sera exécuté à la tâche et payé au kilomètre de ligne, piquetage et rigoles des deux côtés compris.

PAIEMENTS DES TERRAINS.

Aussitôt que la classification des terrains sera déterminée, le Chef de Section dressera le mandat de paiement et le bon y relatif, signés par lui et le Commissaire des expropriations.

Le bon indiquera la commune, le numéro de la parcelle, la catégorie et la qualité du terrain, le prix applicable et le montant total à payer.

Le bon détaché sera remis au propriétaire qui devra le présenter pour le paiement, avec le Hodjet correspondant, dûment rectifié. Les paiements devront être effectués en présence de l'Erazi-Memour préposé au cadastre de chaque commune.

Il arrive que certains propriétaires, bien que disposés à autoriser l'exécution des travaux sur le terrain avant l'accomplissement des formalités requises, qui demandent souvent un très long délai, en sont empêchés par divers motifs plus ou moins indépendants de leur volonté, tels que retards dans les impôts, séquestres, hypothèques, vacoufs, manque de titres, etc. Pour garantir, autant que possible, la Régie Générale contre les difficultés qui pourraient résulter de ce fait, il y aura lieu, *autant que possible,* de fixer l'accord intervenu verbalement avec les propriétaires, quant à la surface et au prix, au moment de la remise des bons, en leur faisant signer, sur timbre d'une piastre fourni par la Régie Générale et après l'avoir remplie, une déclaration en turc ou en arabe suivant le modèle créé à cet effet et à laquelle on donnera le même numéro qu'au mandat d'expropriation.

La signature devra être légalisée par l'autorité locale.

B. — Acquisition en appliquant la Loi sur l'expropriation.

Dans le cas où l'on ne pourrait tomber d'accord à l'amiable avec un propriétaire, soit directement, soit par l'intervention officieuse des autorités, il y aurait lieu de demander officiellement la nomination de la Commission d'expropriation prévue par la loi.

Le propriétaire et la Régie Générale ont chacun huit jours pour faire opposition à la décision de la Commission; passé ce délai, la partie qui n'a pas fait opposition a perdu tout droit de réclamation et la somme fixée devra être payée ou déposée au Tribunal.

Si le propriétaire a fait opposition dans les huit jours, on pourra, suivant la loi, déposer entre les mains du juge le montant fixé par la Commission d'expropriation, augmenté de 20 0/0. Ce dépôt fait, le terrain en litige doit être livré à la Régie Générale par l'autorité locale.

Après jugement, le montant adjugé en dernier lieu est payé au propriétaire par le Tribunal lui-même, et le reste rendu à la Régie Générale.

La Section portera en dépense la somme totale déposée et la restitution éventuelle fera l'objet d'une pièce de recette.

C. — Observations générales.

Dans le cas particulier de terrains grevés d'hypothèques, la lettre ministérielle n° 66.684 X 79 du 8 mars 1893, dont copie ci-après, fixe la marche à suivre pour les expropriations des terrains en question.

Elle se résume comme suit:

1°) Demander officiellement la nomination de la Commission d'expropriation;
2°) Déposer la somme fixée à une caisse de la Banque Agricole;
3°) Présenter le reçu correspondant au cadastre qui doit faire le transfert.

En cas de difficultés, les cas d'espèces devront être signalés à la Direction, avec tous les renseignements permettant d'agir auprès des autorités centrales.

TRANSFERT DES TERRAINS.

Les terrains expropriés à titre définitif, à l'exception de ceux achetés pour l'établissement de chemins parallèles, de chemins vicinaux, dérivations et déviations, rampes et passages à niveau, qui, après achèvement du chemin de fer, retournent aux communes, seront transférés au nom de la Société concessionnaire.

Ceux expropriés à titre temporaire reviendront à leurs propriétaires aussitôt après l'expiration du délai fixé pour l'occupation.

Les livres à souche créés pour le paiement des expropriations contiendront des numéros d'ordre par section, après avoir dressé la souche, le mandat, éventuellement la déclaration qui devra être jointe à ce dernier et le bon, et après la remise de ce bon au propriétaire, on réunira les mandats par commune, si possible, et on les enverra aussitôt par lettre à l'Ingénieur en Chef, qui prendra des mesures pour assurer le paiement en temps opportun.

L'Agent chargé du paiement réunira les mandats acquittés dans un état récapitulatif, si possible par commune, sur lequel la conversion en bloc, en piastres or, sera faite par la Comptabilité de la Direction.

Après paiement, les mandats devront être adressés à la Direction, avec les autres pièces comptables.

Les journées des experts et autres dépenses à la chargre de la Régie Générale pour l'expropriation, seront payées d'urgence sur état à la journée ou par mandat de paiement spécial.

OBSERVATION. — Le présent ordre de service, avec ses annexes, est applicable exclusivement aux lignes construites en Turquie.

ANNEXES AU PRESENT ORDRE DE SERVICE (voir ci-après).

1°) A. — Traduction de la Loi sur l'expropriation et appendice.
2°) B. — Copie de la Lettre ministérielle n° 66.684 × 79, du 8 mars 1893.
3°) C. — Note sur l'expropriation des immeubles.
4°) D. — Etat des frais accessoires à payer pour les expropriations.

7°) Les propriétaires des immeubles ont droit de faire recours aux tribunaux au cas où l'expropriation n'a pas eu lieu dans le délai d'une année du jour de la décision émanant du Conseil municipal et de demander par requête que cette décision soit annulée. Les dispositions du Titre III de ladite Loi ayant été abrogées par l'appendice de cette Loi du 1er décembre 1882, il est inutile d'en faire un exposé sommaire. Suivant cet appendice, les formalités requises des Titres 1 à III sont en vigueur sans préjudice aux droits des parties découlant de cette Loi; en d'autres termes, lesformalités requises par les Titres I et II et le dépôt du montant fixé fait à une Banque avec une augmentation de 20 0/0 suffiront pour prendre possession d'un immeuble exproprié pour l'utilité publique; mais comme les propriétaires refusant le prix offert auront droit de recourir aux tribunaux qui doivent juger d'après les dispositions du Titre III de ladite Loi, et ce, bien entendu, après la prise en possession du terrain par la Compagnie concessionnaire, celle-ci se verra néanmoins obligée à se défendre contre ces propriétaires devant une commission d'arbitres, devant le Tribunal de première instance et devant la Cour de cassation pour chaque contestation de terrains. Les procès ainsi poursuivis devront être terminés avant cinq ou six ans.

Les frais accessoires à payer pour les expropriations sont indiqués sur le tableau ci-contre. Quatrième annexe à l'Ordre de Service n° 15.

Quatrième Annexe à l'Ordre de Service N° 15.

D.

Etat des frais accessoires à payer pour les expropriations.

Nᵒˢ d'Ordre	TANT POUR CENT	NATURE DES PROPRIÉTÉS	VALEUR DES PROPRIÉTÉS (Exemple :)	FRAIS DU Secrétariat	FRAIS DE PAPIER	FRAIS DE DROIT DE POSSESSION (Transfert)	TOTAL	OBSERVATIONS
			PIASTRES OR					
1	1	Pour de pures propriétés, comme : maisons, cours, etc....	500	1	3	5	9	Dont le Gouvernement a absolument cédé la possession.
2	5	Terrains dits Méri et Vakouf que possèdent les propriétaires	1.750	1	3	87,50	91,50	
3	3	Terrains Vakoufs avec leurs constructions	1.500	1	3	45	49	
		Jardins et vignes dont les emplacements sont Méris et Vakoufs dont les originaux ont été des champs et labours.						La piastre or est ici comptée à raison de :
4	1	Pour les arbres....... } Valeur générale	500	1	3	5	9	Liv. turque...... 100
5	5	Pour l'emplacement.... } 750	250	1	3	12,50	16,50	Medjidié........ 19

OBSERVATIONS : Pour les vignes et jardins indiqués aux Nᵒˢ 4 et 5 les valeurs se partagent entiers pour le Mulk (arbres) et un tiers pour l'emplacement; les frais de transfert se paient pour les deux tiers 1 pour cent et pour le tiers 5 pour cent.

ORDRE DE SERVICE N° 16.

EXECUTION DES OUVRAGES D'ART.

AQUEDUCS VOUTES.

1° Les aqueducs voûtés en plein cintre (aqd. v.) ou surbaissés au tiers (aqd. sbl/3) seront employés de préférence à tout autre type, lorsque la hauteur du remblai le permettra.

AQUEDUCS DALLES.

2° Les aqueducs dallés (aqd. d) en pierre auront l'ouverture de 0 m. 70. Les fondations seront faites en massif plein sur toute la longueur de l'ouvrage.

AQUEDUCS DALLES EN BETON ARME.

3° Les aqueducs dallés en béton armé (aqd. d. b. a.) auront des ouvertures de 1, 2 et 3 mètres. Ils pourront être exécutés en plusieurs ouvertures et être employés utilement sous les remblais de faible hauteur où des ouvrages voûtés, même surbaissés au tiers ne seraient plus possibles. (Voir l'Ordre de Service n° 13 au sujet des hauteurs minima nécessaires).

DRAINS.

4° On peut employer des drains (« drain ») pour l'écoulement des eaux de faible quantité qui se ramasseraient en amont d'un remblai barrant une dépression de faible étendue.

DALLOTS DES PASSAGES A NIVEAU.

5° Les dallots des passages à niveau (« dallots de P. à N.) auront en général de 0 m. 40 sur 0 m. 40. Ils peuvent être exécutés à la chaux grasse.

DALLOTS ET BUSES D'IRRIGATION.

6° Pour les rigoles d'irrigation (« dallot d'irrigation ») à débit d'eau constant, on pourra employer des dallots de 0 m. 60 sur 0 m. 60 ou des buses en fonte (« buse ») ou en béton de 0 m. 30 à 0 m. 60 de diamètre.

Toutefois les buses ne pourront être employées que dans les remblais ne dépassant pas 3 mètres de hauteur.

SYPHONS.

7° Les syphons (« syphon ») pourront être exécutés avec 0 m. 30, 0 m. 60 et 0 m. 80 d'ouverture. Ils seront exécutés en fonte ou en béton.

HAUTEUR ENTRE L'EXTRADOS ET LA PLATEFORME.

8° On ménagera au moins 0 m. 30 de hauteur entre l'extrados des ouvrages dallés ou voûtés et le niveau de la plateforme.

MURS EN AILES. — MURS EN RETOUR.

9° On emploiera de préférence les murs en ailes pour les culées des ouvrages d'art et l'on évitera autant que possible les murs en retour; exceptionnellement il pourra y avoir avantage à faire des culées perdues ou à réduire la longueur des murs en retour par des quarts de cônes maçonnés au talus de 0 m. 50.

PONTS METALLIQUES.

10° On évitera autant que possible les ponts métalliques de moins de 5 mètres d'ouverture, en employant les types des aqueducs dallés en béton armé.

Les ponts métalliques (« pont $\overline{m}$ ou $\underline{m}$ de .... ») seront exécutés exclusivement avec voie en dessus jusqu'à l'ouverture de 12 mètres. Les ponts ayant une ouverture supérieure à 12 mètres auront la voie en dessus ou en dessous, suivant les nécessités du profil en long. Les ponts de plus grande ouverture à faible hauteur et présentant des fondations faciles seront en général exécutés en plusieurs ouvertures de 8, 10 ou de 12 mètres en dessus et de 15, 20, 30 et 50 mètres en dessous. (Voir l'Ordre de service n° 13 en ce qui concerne la hauteur de la nivelette aux ponts).

On n'emploiera pas d'ouvertures inférieures à 12 mètres ou 15 mètres pour les cours d'eau charriant des arbres en temps de hautes eaux.

Dans le cas de fondations difficiles des piles on soumettra la question des ouvertures à la décision de la Direction en présentant un devis comparatif dans lequel on prendra pour base un prix de 600 francs la tonne de tablier métallique monté.

PONTS BIAIS.

11° On évitera autant que possible les ponts biais.

PONTS METALLIQUES EN COURBE.

12° Les ponts métalliques de 0 m. 70 à 8 mètres d'ouverture peuvent être placés sans inconvénient dans une courbe de 300 mètres et au-dessus. Le rayon minimum possible pour l'ouverture de 10 mètres est de 400 mètres et de 550 mètres pour l'ouverture de 12 mètres.

Dans le cas où les ponts ou viaducs d'une ouverture plus grande que 12 mètres devraient être placés en courbe, les projets spéciaux seront élaborés par les soins de la Direction. Afin d'éviter qu'un ouvrage métallique tombe dans la parabole de raccordement, il faudra placer la culée la plus voisine, autant que possible à 20 mètres au-delà du point de tangence de sorte que l'ouvrage se trouvera ou entièrement dans la courbe, ou entièrement dans l'alignement.

La longueur de 20 mètres égale la moitié de la parabole de raccordement valable pour la courbe de 300 mètres peut être réduite avec l'augmentation du rayon, conformément au tableau indiquant la longueur des paraboles de raccordement pour chaque courbe.

Le devers entier sera placé dans le seuil qui aura l'inclinaison théorique de la plate-forme et qui sera par conséquent parallèle au couronnement.

FRUIT DES PIEDROITS.

13° Les parements des piédroits ainsi que des culées des ponts composés de travées en-dessous de 20 mètres seront verticaux.

Par contre, ceux des culées des ponts composés de travées de 20 mètres et au-dessus ainsi que tous les parements de piles recevront un fruit de 0 m. 10. On donnera un fruit aux parements des piédroits des aqueducs métalliques et ponts d'une hauteur dépassant 4 mètres.

COURONNEMENT.

14° Les murs en aile auront un évasement de 0 m. 25, l'évasement pourra être supprimé aux murs en aile amont qui tomberaient dans une dérivation en tranchée.

Les murs de tête des aqueducs dallés et voûtés, les seuils, murettes et murs en retour des ouvrages ouverts ainsi que les rampants de leurs murs en aile, recevront un couronnement en pierre de taille de 0 m. 20 à 0 m. 30 d'épaisseur. Exception sera faite pour les rampants des murs en aile, des ouvrages inférieurs à 2 mètres d'ouverture, qui ne recevront aucun couronnement en pierre de taille.

Si la longueur des rampants des murs en aile dépasse 4 mètres, on disposera au milieu une crossette pour empêcher le glissement.

CHAPES.

15° Les aqueducs voûtés recevront à l'extrados une chape en mortier hydraulique de 5 cm. d'épaisseur. Les ouvrages voûtés de 5 mètres d'ouverture et au-dessous recevront à l'extrados une chape en béton de 0 m. 10 d'épaisseur.

REJOINTOIEMENT.

16° Le rejointoiement des ouvrages dallés ou voûtés de moins de 1 mètre d'ouverture difficilement accessibles, pourra être arrêté à 1 mètre de chaque tête vers l'intérieur.

OUVRAGES EN PENTE.

17° Les retraites des murs en aile amont et aval des ouvrages d'art dont la pente générale n'est pas supérieure à 10 % (cent millimètres par mètre) peuvent être exécutées horizontalement dans l'intérêt de la simplification des métrés.

GRADINS.

18° Les gradins des murs en retour et en aile ne sont admissibles que dans le rocher.

OUVRAGES SOUS DES GRANDS REMBLAIS.

19° Les ouvrages voûtés avec fondation difficile et avec forte surcharge seront exécutés par anneaux de 4 à 6 mètres de longueur, séparés complètement jusque dans les fondations.

RADIERS ET BRIDES.

20° On exécutera des radiers complets sous les ouvrages de 0 m. 70 d'ouverture et à ceux de plus grande ouverture, où la nature du sol ou l'inclinaison du terrain l'exigerait.

On pourra se contenter, dans certains cas, de brides en maçonneries de 0 m. 60 d'épaisseur, reliant les murs en ailes à leurs origines et aux têtes de l'ouvrage, qui descendront jusqu'à la profondeur de la fondation ou la dépasseront même si nécessaire.

ORDRE DE SERVICE N° 17.

PONTS METALLIQUES.

La fourniture des tabliers métalliques, des alimentations, grues hydrauliques, ponts tournants, ponts à bascule, et leur montage, seront exécutés par des Entreprises spéciales, les opérations de déchargement, de triage au dépôt et le transport à pied d'œuvre seront comprises dans les contrats passés par la Régie Générale pour les autres matériaux nécessaires au Chemin de fer.

Mais en ce qui concerne les tabliers métalliques et autre matériel qu'il doit monter, ces opérations seront faites sous la surveillance et la responsabilité de l'Entrepreneur du montage ainsi qu'il est stipulé dans le contrat y relatif.

SURVEILLANCE GENERALE PAR LES SECTIONS.

La surveillance générale de ces travaux est confiée aux Chefs de Section. Ils devront signaler à l'Ingénieur en Chef toutes les irrégularités qu'ils auraient constatées notamment en ce qui concerne les entailles qu'ont faites les monteurs dans les coussinets et les dégâts aux murettes qui sont très souvent constatés, provenant du fait des monteurs.

Quant aux détails d'exécution, ils seront vérifiés, s'il y a lieu, par un agent contrôleur spécial attaché à chaque service d'Ingénieur en Chef.

L'axe de la travée métallique, conformément au projet approuvé de l'ouvrage, doit être indiqué par les Sections à l'aide de traits visibles sur les seuils d'appui des culées et des piles.

Les procès-verbaux de vérification des maçonneries doivent être dressés contradictoirement, avec l'Entreprise du montage, en double expédition, sur imprimé spécial fourni par cette dernière. Un exemplaire en sera envoyé par le Chef de Section à l'Ingénieur en Chef, aussitôt que la vérification sera faite.

Dans le cas où des modifications seraient reconnues nécessaires, on dressera un second procès-verbal après qu'elles auront été exécutées.

MM. les Ingénieurs en Chef doivent s'assurer que MM. les Chefs de Section veillent à l'exactitude de ces opérations. Elles doivent être faites sans retard, aussitôt que l'Entreprise intéressée en aura fait la demande par lettre.

OBLIGATIONS DU CONTROLEUR.

Le Contrôleur des ponts métalliques, dont il est parlé plus haut, est placé, aux termes de l'Ordre de Service n° 3, sous les ordres directs de l'Ingénieur en Chef de la Division dans laquelle il opère, et correspond exclusivement avec lui.

Le Contrôleur surveillera le transport à pied d'œuvre des tabliers métalliques et du matériel fixe.

Il assistera aux constatations contradictoires des maçonneries faites entre la Section et l'Entreprise de montage et visera les procès-verbaux, qui sont dressés à la suite de ces constatations.

Les mêmes constatations doivent être faites dans les mêmes conditions, pour les maçonneries devant recevoir le matériel fixe, et notamment celles des ponts tournants qui doivent être vérifiées et nivelées avec le plus grand soin, dans tous leurs détails (pivots, coussinets, couronnements).

Le Contrôleur s'assurera que les opérations du montage se font régulièrement, que les rivets sont bons, que les usines ont bien tenu compte des modifications apportées par la Direction aux plans d'exécution dressés par elles, que la peinture des tabliers est bien appliquée et en couches suffisantes. Après achèvement des ouvrages, mais seulement le 15 de chaque mois, il dressa contradictoirement avec l'Entreprise, pour servir de situation, les procès-verbaux de réception dits de « Tabliers mis en place », et les enverra le 20 du mois, à l'Ingénieur en Chef.

En cours du travail, le Contrôleur fera, s'il y a lieu, ses observations verbalement aux agents de l'Entreprise, et, dans le cas où il n'en serait pas tenu compte, il écrirait à l'Ingénieur en Chef, lequel saisira officiellement l'Entreprise de la question soulevée.

Le Contrôleur surveillera l'établissement, par l'Entreprise, du montage, de la situation mensuelle du matériel transporté à pied d'œuvre, de manière à éviter toute difficulté entre celle-ci et l'Entrepreneur des transports.

L'Entreprise adressera, à chaque Ingénieur en Chef, un Rapport hebdomadaire sur la marche générale des travaux exécutés par elle.

De son côté, le Contrôleur fera, chaque semaine, un rapport qu'il adressera à l'Ingénieur en Chef. Ces deux rapports seront envoyés à la Direction avec les observations de l'Ingénieur en Chef.

Dans son Rapport, le Contrôleur renseignera l'Ingénieur en Chef, notamment, sur l'importance des transports, en bloc pour les petits ponts et séparément pour les ouvrages importants (ponts de 15 mètres et au-dessus), sur le nombre des équipes et des ouvriers en travail, sur les différents chantiers, avec indication kilométrique de ces derniers.

Pour les ouvrages importants, il est intéressant de donner des renseignements sur l'établissement des échafaudages. Pendant le montage, on fournira les indications spécifiées au tableau ci-dessous:

Pont ou Viaduc klm. . . . . État d'avancement au . . . .

DÉSIGNATION	TONNAGE		RESTE A MONTER	RIVETS		RESTE A PLACER
	A MONTER	MONTÉS		A PLACER	PLACÉS	

Enfin, on devra ajouter toutes autres indications utiles sur l'ensemble des travaux des ponts métalliques.

Les procès-verbaux d'arrivage des fers seront établis par les soins des divers dépôts.

Dans le cas où la Régie Générale jugerait, en raison de l'importance des travaux, d'en faire l'objet, soit d'une *Entreprise générale,* soit d'une *Régie des Ponts,* ainsi que cela a été fait plusieurs fois, les règles et prescriptions contenues dans le présent Ordre de service seront également applicables.

ORDRE DE SERVICE N° 18.

INSTRUCTION POUR LA POSE DE LA VOIE
ET DES CHANGEMENTS DE VOIE.

Voie de 1ᵐ44, Rails de 9ᵐ55 pesant 30 kg. par ml, Traverses pesant 50 kg.

A. — TRAVAUX PREPARATOIRES.

1. TRACE DE L'AXE DE LA VOIE.

Après vérification de la plateforme des terrassements et du réglement de sa surface, de sa largeur et de son nivellement, on procédera au tracé de l'axe de la voie. Les remblais récemment faits, doivent avoir à ce moment encore, 5 % de la hauteur sur l'axe du remblai de surhaussement. L'axe de la voie identique en alignement comme en courbe à celui des terrassements sera marqué par des piquets espacés de 50ᵐ de distance.

L'axe de la voie en courbe, aura été déplacé vers son centre de la quantité indiquée au § 13 afin de pouvoir intercaler la parabole de raccordement. Il sera marqué par des piquets distants de 25ᵐ.

Ces piquets d'axe seront enfoncés de manière à ce que 0ᵐ30 de leur longueur au moins, reste au-dessus de la plateforme. Les têtes seront marquées de rouge, et l'axe exact sera indiqué par une pointe. (*voir le croquis ci-contre*).

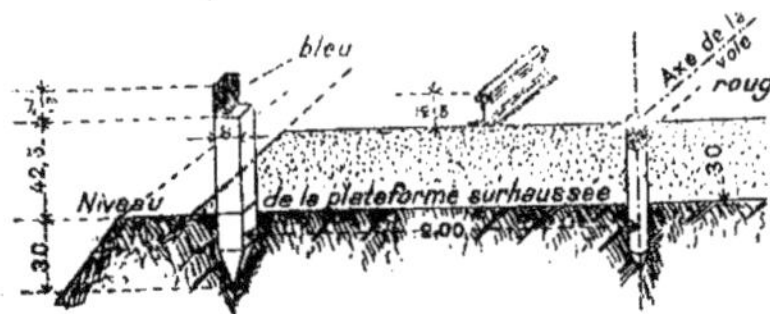

Dans les paraboles de raccordement voir § 13, on piquetera l'origine, le milieu (correspondant au point de tangence de la courbe originaire des plans d'étude) et la fin. En plus des piquets d'axe, on plantera au point de brisure du profil en long, à tous les 100ᵐ en alignement et tous les 50ᵐ en courbe, des piquets de hauteur. Ces piquets seront placés à une distance de 2ᵐ00 de l'axe, en général à gauche, à l'exception des courbes centre à droite, où ces piquets devront être placés à droite, c'est-à-dire du côté de la file intérieure.

Les piquets seront plantés de façon à dépasser la plateforme d'environ 0ᵐ50. La hauteur exacte du niveau du rail, soit 0ᵐ30 + 0ᵐ125 = 0ᵐ425 au-dessus du niveau de la plateforme (surhaussé dans les remblais) sera indiquée par une incision à la scie. La partie supérieure de la tête sera teintée en bleu.

Ces piquets indiqueront donc dans les tranchées et aux abords des ponts métalliques, la hauteur théorique du dessus du rail, tandis qu'ils donneront sur les remblais, la hauteur majorée du surhaussement nécessaire en vue des tassements ultérieurs.

On raccordera la voie, ainsi surhaussée sur les remblais, par des déclivités ne dépassant pas 3 m/m avec les rails qui, dans les tranchées et sur les ponts métalliques, est réglée au niveau normal.

On devra tenir compte de cette observation tout spécialement lors du réglement de la plateforme des terrassements, afin d'éviter que l'épaisseur du ballast ne se trouve diminuée à l'approche des ponts métalliques, c'est-à-dire dans les parties où elle est essentiellement nécessaire.

2. PREMIERE COUCHE DE BALLAST.

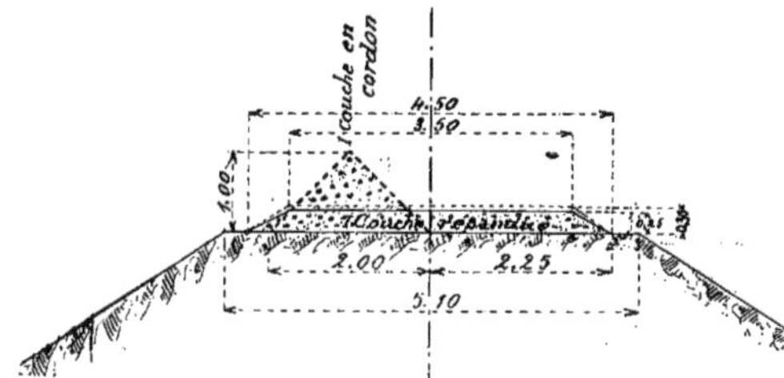

Le ballast pour la première couche, approvisionné sur la plateforme en cordons de $2^m \times 1^m \times ½ = 1^{m^3}$, par *m. l.*, sera répandu, conformément au croquis ci-contre aussitôt que les opérations indiquées au § premier auront été terminées, mais au plus tôt quinze jours avant l'arrivée de la pose. Il est absolument interdit de poser sans la première couche de ballast.

Il est indispensable que cette couche soit répandue d'une façon régulière et symétrique par rapport à l'axe et avec l'épaisseur uniforme de 0^m25.

B. — POSE DE LA VOIE.

3. SYSTEME DE POSE.

La pose normale se fera au moyen de rails en acier de 9^m55 de longueur (9^m50 pour la file intérieure en courbes) reposant sur deux traverses extrêmes dont les axes sont à 0^m275 des bouts des rails et sur neuf traverses intermédiaires régulièrement réparties dans l'intervalle des premières, de sorte que la distance normale d'axe en axe des traverses sera de 0^m90 (voir le croquis).

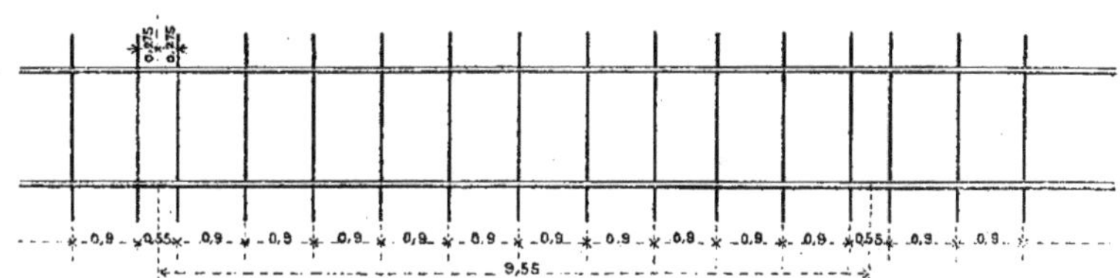

Les traverses sont en acier doux (Fluesseisen), ont une longueur totale de 2^m40 et pèsent 50 kg. la pièce. L'inclinaison de $1/20$ que les rails doivent avoir, est obtenue par la forme de la traverse qui présente aux deux extrémités à la distance nécessaire, deux plans inclinés au $1/20^e$, sur l'horizontale. Chaque traverse porte quatre trous rectangulaires servant à la fixation des rails. Les rails sont fixés sur les traverses au moyen de boulons d'attache et d'ergots, suivant la forme indiquée au plan (Voir § 8). Les rails de 7^m, 8^m et 9^m qui ne devront être posés que dans les voies secondaires des stations (ou dans les ballastières et dépôts) recevront un nombre de traverses correspondant de la condition que l'écartement de 0^m55 aux joints est rigoureux et que celui des traverses intermédiaires ne devra pas dépasser 0^m90.

4. COURBURE DES RAILS EN COURBE.

Tous les rails employés en courbe, devront être cintrés au rayon voulu soit à la machine à cintrer, soit par les moyens ordinaires, c'est-à-dire en chargeant le milieu des rails appuyé des deux bouts, d'un certain nombre d'ouvriers.

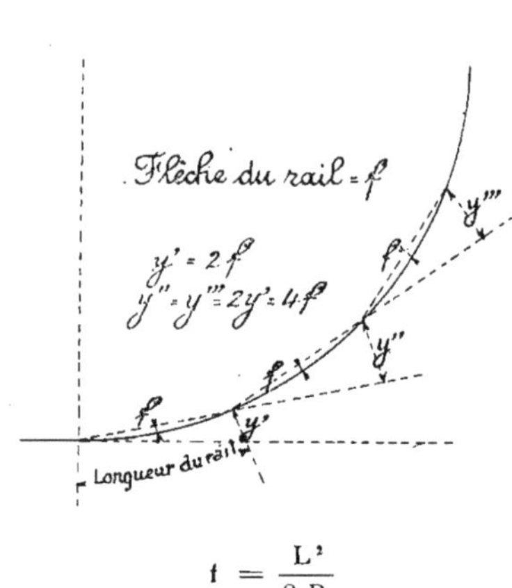

$$f = \frac{L^2}{8\,R}$$

L Longueur du rail en mètres.

R Rayon de la courbe en mètres.

Tableau des flèches des rails en courbe en $^m/_m$.

Rayons	Longueur des Rails					
	9.55	9.0	8.0	7.0	6.0	5.0
3000	4	4	3	2	2	1
2000	6	5	4	3	2	2
1500	8	7	5	4	3	2
1200	10	8	7	5	4	3
1000	11	10	8	6	4	3
900	13	11	9	7	5	4
800	14	13	10	8	6	4
700	16	14	11	9	6	4
600	19	17	13	10	8	5
500	23	20	16	12	9	6
450	25	23	18	14	10	7
400	29	25	20	15	11	8
350	33	29	23	18	13	9
300	38	34	27	20	15	10
275	40	37	29	22	16	11
250	46	40	32	24	18	12
225	48	45	35	27	20	14
200	56	50	40	30	22	15
180	63	57	45	34	25	17
160	70	62	50	38	28	19

5. JEU ENTRE LES ABOUTS DES RAILS.

Pour tenir compte de la dilatation des rails, on ménagera entre les extrémités de deux rails consécutifs, les écartements indiqués ci-dessous, en raison de la température, au soleil, pendant la pose.

Température en degrés centigrades	au dessous de — 10	entre — 10 et + 10	entre 10 et + 30	entre 30 et + 50	au dessus de + 50
Écartement E	12 $^m/_m$	10 $^m/_m$	8 $^m/_m$	5 $^m/_m$	3 $^m/_m$

Un thermomètre devra être placé sur le chantier d'avancement ; il sera exposé au soleil. Les écartements seront obtenus au moyen de cales en métal. On ne les enlèvera qu'au fur et à mesure du règlement de la voie, de façon à les conserver sur une longueur d'au moins 500ᵐ en arrière de la tête de pose.

Ces cales auront la forme du croquis ci-contre.

Elles reposent sur les éclisses ; le crochet est placé à l'extérieur de la voie.

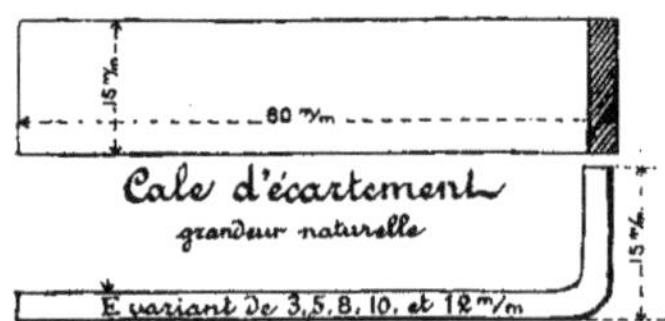

6. PROPORTIONS DES RAILS COURTS.

Le raccourcissement de la file intérieure des rails dans les courbes sera obtenu en intercalant le nombre nécessaire de rails courts de 9ᵐ50, conformément au tableau suivant.

Tableau de distribution des Rails en courbe.

Rayon	Sur N rails de 9,55 de la file extérieure	La file intérieure à rail de		Disposition de rails dans la file intérieure : — Rail normal de 9,55 ✕ Rail court de 9,50
		9.55	9.50	
3000	8	7	1	— — — — — — ✕ — — — — — — — ✕ — — etc.
2000	7	6	1	— — — — — — ✕ — — — — — — ✕ — — etc.
1500	45	36	9	— — — — ✕ — — — — ✕ — — — — ✕ — — etc.
1200	25	19	6	— — — ✕ — — — ✕ — — — ✕ — — — ✕ — — etc.
1000	7	5	2	— — ✕ — ✕ — —
900	28	19	9	— — ✕ — — ✕ — — ✕ — — ✕ — — ✕ — — ✕ — etc.
800	14	9	5	— — ✕ — ✕ — — ✕ — ✕ — ✕ — —
700	17	10	7	— ✕ — — ✕ — ✕ — ✕ — ✕ — ✕ — — ✕ —
600	25	13	12	— ✕ — ✕ — ✕ — ✕ — ✕ — ✕ — ✕ — ✕ — etc.
500	7	3	4	✕ — ✕ — ✕ — ✕
450	14	5	9	✕ ✕ - ✕ — ✕ — ✕ ✕ — ✕ — ✕ ✕
400	7	2	5	✕ ✕ — ✕ — ✕ ✕
350	11	2	9	✕ ✕ ✕ — ✕ ✕ ✕ — ✕ ✕ ✕
300	21	1	20	✕ ✕ ✕ ✕ ✕ ✕ ✕ ✕ ✕ ✕ — ✕ ✕ ✕ ✕ ✕ ✕ ✕ ✕ ✕ ✕

L'emploi de courbes inférieures à 300^m exigera des rails courts plus petits que 9^{m}50. Des instructions spéciales seront données, dans ce cas, en vue de la commande de ces rails courts et de leur pose.

Il est interdit de couper des rails, autres que ceux aux abords des ponts et ceux-ci après autorisation pour chaque cas, par l'Ingénieur Chef de la pose ; celui-ci notera soigneusement le nombre des rails coupés et la longueur des coupons.

7. POSE DES TRAVERSES ET RAILS.

On commencera à l'avancement par placer la traverse extrême de chaque longueur de rail à la distance indiquée au plan de pose, on fera ensuite la répartition des traverses intermédiaires au moyen de règles en bois ayant la longueur du rail et sur lesquelles l'axe de chacune des traverses sera indiqué au moyen d'un trait. Aussitôt la répartition terminée, on posera les deux rails sur les traverses.

8. POSE DES ECLISSES ET BOULONS D'ECLISSES.

Les éclisses (à cornière ; éclisse extérieure ; à plat : éclisse intérieure) destinées à relier les rails entre eux sont mises en place avec deux boulons, un dans chaque rail et dans le trou extrême des éclises. Ils seront serrés modérément. La pose des 3e et 4e boulons ne devra se faire qu'après le relevage et le dressage définitifs. C'est seulement après l'exécution de ce dernier travail qu'on serrera les écrous jusqu'à l'aplatissement complet de l'anneau-ressort, servant de rondelle. Les boulons seront placés de façon à avoir leur écrou en dedans de la voie.

9. POSE DES ERGOTS ET BOULONS D'ATTACHE.

Les rails sont fixés à la traverse au moyen des ergots et des boulons d'attache.

Pour l'opération de la fixation, on retire d'abord l'écrou et l'anneau-ressort du boulon d'attache, afin de pouvoir enfiler l'ergot. On remet ensuite l'écrou, l'anneau-ressort, et on place le tout ensemble dans les trous rectangulaires existants dans les traverses. Le boulon d'attache doit être ensuite tourné de manière à ce que l'incision se trouvant sur la tête de la vis, soit perpendiculaire à l'axe de la voie. On serrera ensuite modérément les boulons, car le serrage définitif jusqu'à l'aplatissement complet de l'anneau-ressort ne doit se faire, qu'après le relevage et le dressage définitif de la voie.

10. RELEVAGE ET DRESSAGE DE LA VOIE.

Aussitôt que la pose des ergots d'attache sera terminée, on procèdera au relevage, à la hauteur définitive des traverses (0m30 au-dessus du niveau de la plateforme). L'approvisionnement de la première couche, ayant 0m25 d'épaisseur, ce relevage ne représentera théoriquement que 0m05. On ripera en même temps la voie, pour placer les joints des rails à distance égale de l'axe piqueté sur la plateforme des terrassements. Entre temps, on complètera le ballast en deuxième couche ; on procèdera au dressage définitif de la voie et on fera la pose des 3e et 4e boulons, ainsi que le serrage définitif de tous les écrous, comme il est dit aux paragraphes 8 et 9.

Il est essentiel qu'en relevant la voie, à sa hauteur prévue, on procède à un bourrage soigné sous toute la longueur de la traverse et surtout sous les rails. Il est formellement interdit de bourrer seulement au milieu de la traverse et de passer un anspect ou une pince sous les traverses pour relever la voie. On ne devra, dans ce but, faire effort que sur les rails.

On attire l'attention spéciale sur le relevage, le bourrage et le dressage de la voie aux abords des ponts métalliques, car ces points exigent des soins tout particuliers à cause des tassements inévitables qui se produisent d'ordinaire derrière les culées.

11. ELARGISSEMENT DE LA VOIE DANS LES COURBES.

L'écartement normal de la voie mesuré entre les bords intérieurs des rails est de 1m435. Le surécartement nécessaire dans les courbes d'un rayon inférieur à 1.000m sera obtenu par les différents ergots d'attache n° 0, 1, 2, 3 qu'on posera suivant le tableau ci-dessous.

Le surécartement sera ainsi atteint sur la longueur de la parabole de raccordement en passant — pour un raccordement d'un alignement avec une courbe de 300m, p. ex. — de la position A des ergots en alignement, successivement par toutes les positions B, C, D, et E jusqu'à la position F prescrite pour le rayon de 300m.

Tableau du surécartement en courbes et de la position des ergots à employer.

Position des ergots	Rayon de l'axe M.	Surécartement ‰	Nos DES ERGOTS			
			RAIL INTÉRIEUR		RAIL EXTÉRIEUR	
			Côté extérieur	Côté intérieur	Côté intérieur	Côté extérieur
A	∞ — 1751	0	3	0	0	3
B	1750 — 876	4	2	1	0	3
C	875 — 586	8	2	1	1	2
D	585 — 441	12	1	2	2	1
E	440 — 351	16	1	2	3	0
F	350 — 160	20	0	3	3	0

12. DEVERS A DONNER A LA VOIE.

Dans les alignements et dans les courbes d'un rayon supérieur à 2.000 mètres, les deux cours de rails seront établis au même niveau. Il en sera de même dans les changements et croisements de voie. Dans les courbes de rayon inférieur ou égal à 2.000 mètres, la voie recevra le dévers nécessaire par le surhaussement du rail, grand rayon, d'une quantité d, fonction du rayon et de la vitesse admise, indiquée aux tableaux qui suivent.

La ligne pourra être divisée en sections correspondantes aux vitesses maxima que les trains pourront y prendre. Ces vitesses sont : V = 40 Km. à l'heure et V = 60 Km à l'heure.

La Direction des Travaux indiquera, pendant les études, les limites de ces sections.

N. B. — Les dévers indiqués aux tableaux ci-après sont calculés par la formule :

$$d = k \frac{V}{R}$$

dans laquelle:

d est le dévers total en millimètres.

V, la vitesse des trains, en mètres à l'heure.

R, le rayon des courbes, en mètres.

K = 1 pour la voie de 1,5 dont il s'agit ici (pour la voie de 1 mètre, il faut prendre K = 0,3).

Tableau du surhaussement en courbe (Dévers) D.

I.

Rayons des courbes =	2000	1500	1000	900	800	700	600	550	500	450	400	350	300	275	—
Dévers pour V = 40.000ᵐ....	20	27	40	44	50	57	67	73	80	89	100	114	133	145	—
Dévers pour V = 60.000ᵐ....	30	40	60	67	75	86	100	109	120	133	150	—	—	—	—

Les sections où la vitesse de 60 Km. à l'heure sera admise ne comprendront pas de rayons inférieurs à 400 mètres.

Si dans les sections où la vitesse de 40 Km. à l'heure est admise, on a la latitude d'employer des courbes de rayons inférieures à 250 mètres, l'Exploitation n'admettra dans ces courbes qu'une vitesse maxima de 25 Km. à l'heure, et le dévers sera alors celui du tableau II ci-après :

II.

Rayons des courbes =	250	225	200	180	160
Dévers pour V = 25.000ᵐ....	100	111	125	140	156

Le dévers sera atteint sur la longueur de la parabole de raccordement à l'aide d'un supplément de rampe de 3 m/m par mètre.

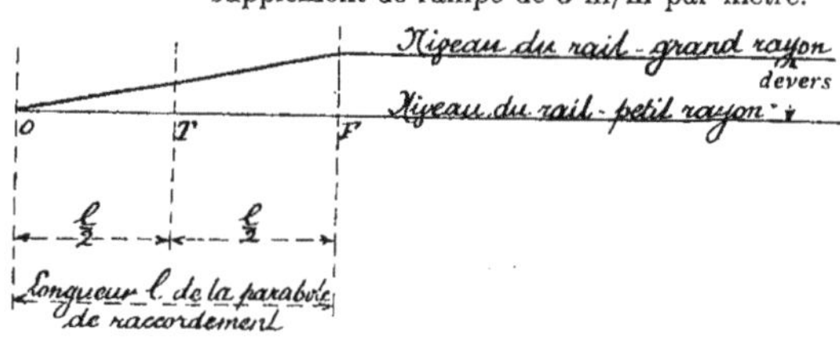

Il sera obtenu par l'inclinaison progressive de la plateforme, jusqu'à la pente transversale $\frac{D}{e}$ en la faisant pivoter autour d'un point situé à 0,75ᵐ de l'axe vers le centre de la courbe. «D. Dévers, *e* écartement des rails. » (Voir les profils types pour l'exécution des terrassements.)

Le dévers sera réduit à la moitié des valeurs indiquées aux tableaux sur 500ᵐ à l'approche des stations.

13. RACCORDEMENTS PARABOLIQUES ENTRE LES ALIGNEMENTS ET COURBES.

Afin d'adoucir le passage à l'alignement (rayon de courbure = ∞) dans la courbe (rayon de courbure = rayon de la courbe), on intercalera entre les alignements et les courbes de 1.000ᵐ de rayon et en dessous, *un raccordement parabolique* d'une longueur *l* prise moitié sur l'alignement, et moitié sur la courbe.

La longueur l doit être telle que la rampe supplémentaire reste toujours de 3 $^{m/m}$. On doit donc avoir :

$$\frac{D}{l} = 3, \quad l = \frac{D}{3}$$

mais, D (le dévers) à pour expression : $D = \dfrac{V}{R}$

donc, $l = \dfrac{V}{3\,R}$ Pour les vitesses pratiquées on aura :

$$V = 25.000^{\,m} \text{ (à l'heure)} \quad l = \frac{8.333}{R}$$

$$V = 40.000 \quad » \quad l = \frac{13.333}{R}$$

$$V = 60.000 \quad » \quad l = \frac{20.000}{R}$$

Equation de la Parabole. — La courbe de raccordement doit présenter la propriété, que son rayon de courbure e, corresponde en chaque point, au dévers donné par l'expression $\dfrac{V}{\rho}$

En désignant par Θ « la rampe supplémentaire » (ici : 3 m/m par m.) les coordonnées d'une telle courbe sont données par les relations :

$$y = \frac{\Theta\, f^3}{6\,KV} - \frac{1}{336}\,\frac{\Theta^3\, f^7}{K^3\, V^3} + \ldots \qquad (1)$$

$$x = f - \frac{1}{40}\,\frac{\Theta^2 f^5}{K^2\, V^2} + \frac{1}{3456}\,\frac{\Theta^4\, f^9}{V^4\, K^4} - \ldots \qquad (2)$$

La méthode de Nordling qu'on suit ici, consiste à prendre seulement les premiers termes de ces séries, et par conséquent pour coordonnées de la courbe :

$$y = \frac{\Theta\, f^3}{6\,K\,V} \qquad x = f$$

On peut aussi confondre les abscises, avec le développement de la courbe, ce qui donne définitivement l'équation de la parabole cubique :

$$y = \frac{\Theta\, x^3}{6\,K\,V}$$

Pour $\Theta = 3$, et $K = 1$

$$y = \frac{x^3}{2\,V}$$

Pour les trois vitesses admises, on a :

$$V = 25 \text{ km. à l'heure} \quad y = \frac{x^3}{50}$$

$$V = 40 \text{ km.} \quad — \quad y = \frac{x^3}{80}$$

$$V = 60 \text{ km.} \quad — \quad y = \frac{x^3}{120}$$

Déplacement de la courbe circulaire. — Pour intercaler la parabole entre l'alignement et la circulaire, celle-ci est déplacée parallèlement à elle-même, et vers son centre, d'une quantité m.

Nous considérons la courbe dans le voisinage de l'axe des x, de sorte que m est peu différent de AB. — en appelant y' l'ordonnée BF de la circulaire sensiblement égale à

$$\frac{l^2}{4\,R}$$

on a :

$$m = y - y'$$

$$y = \frac{x^3}{2\,V}$$

et pour $\quad x = l = \dfrac{V}{3\,R}$

on a : $\quad y = \dfrac{V^2}{54\,R^3}$

$$m = y - y' = \frac{V^2}{54\,R^3} - \frac{V^2}{72\,R^3} = \frac{V^2}{R^3}\left(\frac{1}{54} - \frac{1}{72}\right) = \frac{V^2}{R^3}\,\frac{1}{216}$$

Pour les différentes vitesses :

$$V = 25.000 \qquad m = \frac{2.890.000}{R^3}$$

$$V = 40.000 \qquad m = \frac{7.407.000}{R^3}$$

$$V = 60.000 \qquad m = \frac{16.667.000}{R^3}$$

(R et m, en mètres.)

L'équation de la courbe, les valeurs de l et de m, ont servi au calcul des tableaux qui suivent.

Flèches à donner aux rails. — La longueur du rail est uniformément de 9^{m}55 (pour le calcul dont il s'agit ici, on peut négliger les différences relatives aux *rails courts*.)

La flèche en courbe est donnée par l'expression approximative :

$$f = \frac{\left(\dfrac{9.55}{2}\right)^2}{2\,\rho} = \frac{22.8}{2\,\rho} = \frac{11,4}{\rho}$$

ρ rayon de courbure = R dans la circulaire.

Dans la parabole, on aura approximativement :

$$\rho = \frac{1}{\dfrac{d^2y}{dx^2}}$$

et $\dfrac{d^2y}{dx^2}$ sera obtenu en dérivant deux fois l'équation de la parabole $y = \dfrac{x^3}{2\,V}$

$$\frac{d^2y}{dx^2} = \frac{3x}{V}$$

et pour :

$$V = 25. \qquad \frac{d^2y}{dx^2} = \frac{3x}{25} \qquad \rho = \frac{25}{3x} \qquad f = \frac{34,2 \times x}{25} = 1.368\ x$$

$$V = 40. \qquad \frac{d^2y}{dx^2} = \frac{3x}{40} \qquad \rho = \frac{40}{3x} \qquad f = \frac{34,2\ x}{40} = 0.8055\ x$$

$$V = 60. \qquad \frac{d^2y}{dx^2} = \frac{3x}{60} \qquad \rho = \frac{60}{3x} \qquad f = \frac{34,2\ x}{60} = 0.57\ x$$

(x pris en m, f est exprimé en m/m).

Le *Tableau des Eléments des Raccordements Paraboliques* que l'on trouve ci-après, a été calculé à l'aide des formules précédentes.

En ce qui concerne les *flèches*, il y a lieu de préciser en quels points de la courbe elles sont prises.

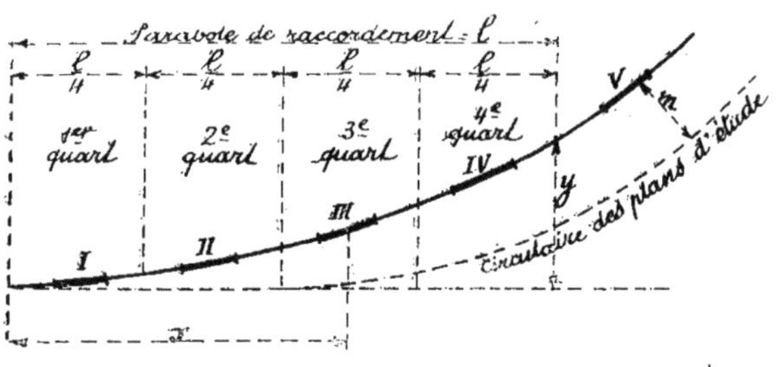

Le raccordement parabolique est divisé en quatre parties de longueurs égales à

$$\frac{l}{4}$$

La flèche calculée au Tableau est celle qu'il faut donner au rail de 9m55, qui est placé au milieu de chaque quart, en I, II, III, IV du croquis.

Il faut donc prendre pour valeur de x, les valeurs correspondantes au milieu de chaque quart de la parabole.

pour I, $\qquad x = \dfrac{l}{8}$

pour II, $\qquad x = \dfrac{3\,l}{8}$

pour III, $\qquad x = \dfrac{5\,l}{8}$ $\qquad$ (cas du croquis)

pour IV, $\qquad x = \dfrac{7\,l}{8}$

On donne en V la valeur de la flèche dans la circulaire (approximativement :

$$\frac{L^2}{8\,R}\text{ , ou pour } L = 9,55,\ \frac{11,4}{R}\Big)$$

14. ARRONDISSEMENTS AUX CHANGEMENTS DE DECLIVITES.

Les brisures du profil en long, aux changements de déclivités, seront adoucies par des raccordements circulaires d'un rayon de 2.000m ce qui correspond pour la longueur de rail de 9m55 a un dénivellement y de 22m/m.

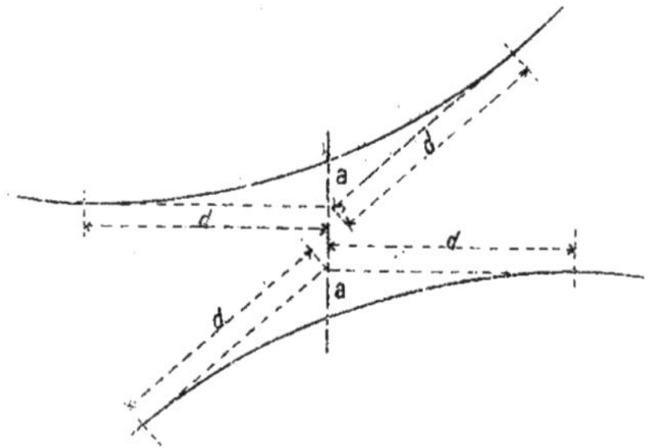

Tableau indiquant les éléments des arrondissements.

Différence des déclivités m/m	Eléments		Différence des déclivités m/m	Eléments	
	d m	a m/m		d m	a m/m
par m.			par m,		
0	0	0	15	15	52
3	3	2	18	18	82
6	6	4	21	21	112
9	9	20	23	23	135
12	12	35	25	25	166

Il y a lieu de tenir compte de l'arrondissement dans les cotes de la plateforme pour des différences de déclivités de 10 m/m par m. et au-dessus. En dessous de 10 m/m on l'obtiendra par le bourrage des traverses.

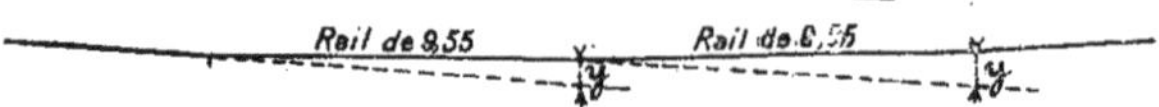

15. POSE DE LA VOIE SUR LES PONTS METALLIQUES.

La pose des rails sera faite avec des ergots et des boulons d'attache tout comme pour la voie ordinaire.

On ne placera aucun joint sur les ponts de 1, 2, 3, et 5^m. Sur les ponts de 4^m on pourra placer un joint au milieu du pont.

Sur les ponts de 6^m on peut, soit placer un joint au milieu du tablier soit en un des six autres points où la distance des attaches des rails est = 0^{m}55.

Sur le pont de 8^m le joint ne peut exister qu'au milieu du tablier. On peut placer en trois points différents, des joints de rail, sur un tablier de 13^m. On prendra toujours 2 éclisses plates pour l'éclissage des joints des rails sur les tabliers métalliques. Il y a lieu de couper les rails avant le pont dans le cas où la pose y nécessiterait un joint. Les rails coupés ne devront pas en général avoir une longueur inférieure à 4^{m}50.

Dans les cas exceptionnels où l'écartement des traverses des joints serait autre que 0^{m}55 on prendra deux éclisses intérieures (sans cornières) pour l'éclissage du joint.

La distance maxima entre la première traverse sur le ballast et la dernière sur le tablier sera de 0^{m}90.

La pose des traverses sur les ponts biais et aux abords sera faite suivant des projets spéciaux.

C. — CHANGEMENTS DE VOIE.

16. IMPLANTATION DU CHANGEMENT DE VOIE.

Les éléments essentiels pour l'installation du changement de voie sont les suivants :

1° les points d'articulation de l'aiguille.

2° le centre du changement (point d'intersection entre l'axe de la voie principale et de la voie de déviation à l'angle de 5° 38'42" tangente 0,1.)

3° le joint précédant l'aiguillage.

4° la pointe mathématique du croisement.

Tous ces points doivent être fixés exactement.

Comme la distance de la pointe mathématique, jusqu'au joint précédant l'aiguillage, est de 24^{m}700 et celle de ce joint jusqu'au point d'articulation de l'aiguille de 4,86 + 0,56 = 5^{m}42, la distance de la pointe mathématique jusqu'au point d'articulation de l'aiguille est de :

$$24,700 - 5,420 = 19^m280.$$

La distance de la pointe mathématique du croisement au centre du changement étant de 14^{m}35, l'écartement du point d'articulation de l'aiguille au centre du changement est de :

$$19,280 - 14,350 = 4^m930.$$

Comme la distance du point d'articulation de l'aiguille au joint précédant l'aiguillage est de 5^{m}42, la distance entre le centre du changement et le joint précédant l'aiguillage, joint qui, dans les plans des stations est indiqué par un trait perpendiculaire à l'axe de la voie, est égale à :

$$5,42 + 4,93 = 10^m35.$$

17. POSE DE L'AIGUILLAGE.

Une fois ces points fixés on peut installer le changement à condition que la voie principale soit en alignement.

Tous les rails du changement, compris dans les 28^{m}65 de longueur de l'appareil, sont posés sans dévers ; le raccordement de ces rails avec ceux de la voie courante, qui sont inclinés au 1/20, sera produit par le rabotage des champignons aux extrémités des rails contre-aiguille, des rails de 9^{m}55 au droit du croisement, et de 2^{m}36 au talon du croisement. Les tôles portant les deux parties de l'aiguillage seront posées sur les traverses en « Flusseisen » mises en place suivant les plans n°s 1 et 3.

L'écartement voulu est obtenu exactement par les ergots N° 0 fixant les semelles sur les traverses.

L'écartement des rails au joint précédant l'aiguillage aussi bien qu'au point d'articulation de l'aiguille, entre le rail principal en alignement et l'aiguille en face doit être de 1ᵐ435 (écartement normal) (voir planche n° 3 du type de la voie). A la pointe de l'aiguille, il y a un surélargissement de 10 ᵐ/ᵐ et, par suite, la largeur de la voie sera à cet endroit de 1ᵐ445.

Au point d'articulation de l'aiguille, entre l'aiguille et le rail principal conduisant à la courbe, il y a un surélargissement de 20 ᵐ/ᵐ et, par suite, la largeur de la voie est de 1ᵐ455.

18. POSE DES RAILS DU CHANGEMENT.

La voie en courbe a un rayon de 249ᵐ637, et sera surélargie de façon à avoir, au premier joint du rail extérieur de la courbe, une largeur de 1ᵐ451, c'est-à-dire un surélargissement de 16 ᵐ/ᵐ; la largeur de la voie est de nouveau normale, c'est-à-dire de 1ᵐ435, à 3ᵐ503 de la pointe mathématique du croisement. La partie intermédiaire de la voie en courbe entre les points correspondant aux écartements de 1ᵐ451 et 1ᵐ435 sera posée en passant par les positions *e, d, c, b* du tableau de la pose dans les paraboles de raccordement.

On a déjà tenu compte des surécartements de 10 et de 20 ᵐ/ᵐ dans la construction même, tandis que le surécartement de 16 ᵐ/ᵐ de la voie en courbe doit être produit par les ergots de différents numéros.

Des rails de 9ᵐ55 seront posés à la suite du rail principal de la voie en alignement et de l'aiguille donnant la déviation sur la voie en courbe. La file extérieure de la voie droite se prolonge ensuite par des rails de 9ᵐ55, tandis que la file intérieure se prolonge par un rail de 9ᵐ50, puis par un rail de 9ᵐ00, pour aboutir au joint du croisement.

Une fois qu'on a posé les rails de la voie directe, et qu'on a obtenu l'écartement normal de 1ᵐ435 entre les arêtes conductrices des rails et celles de l'appareil du croisement, et qu'on a bien fixé cet appareil sur les traverses au moyen de boulons spéciaux, on peut procéder à la pose de la voie en courbe.

La file de l'aiguille déviant sur la voie en courbe est prolongée par un rail de 9ᵐ55, ensuite par un rail de 9ᵐ00. Le premier rail, se trouvant dans une courbe au rayon de 249ᵐ637, doit recevoir une flèche de 46 ᵐ/ᵐ; le second rail n'est courbé que sur une longueur de 6ᵐ277, la partie avant le joint du croisement devant rester droite.

La flèche de ce rail, dans la partie courbée suivant le même rayon de 249ᵐ637, sera de 21 ᵐ/ᵐ.

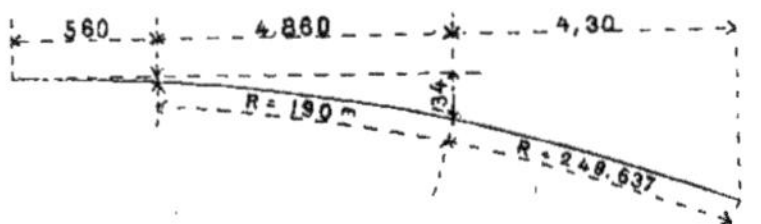

La position exacte de la courbe est déterminée par les cotes suivantes : Au point d'articulation des aiguilles, la courbe de 190ᵐ00 déplace l'axe de la voie courbe de 124 ᵐ/ᵐ ; par suite du surécartement de 20 ᵐ/ᵐ en ce point, la distance entre le rail droit et le rail en courbe du fil extérieur de la courbe mesurée entre les bords intérieurs des rails est de 114 ᵐ/ᵐ et la distance entre le rail droit et le rail en courbe de la file intérieure est de 134 ᵐ/ᵐ. A partir de ce point, fixé par l'attache spéciale du talon sur les selles et la semelle, le premier rail en courbe, d'une longueur de 9ᵐ55, sera posé et fixé au moyen des ergots N° 3 à son côté intérieur et N° 0 à son côté extérieur.

Le rail de 9ᵐ00, faisant suite, recevra dans sa partie courbe, les ergots déterminés par les positions *e, d, c, b* du tableau de la pose dans les paraboles de raccordement; dans sa partie droite, les ergots N° 0 seront placés intérieurement et les N° 3 extérieurement.

Une fois que la file extérieure de la voie en courbe aura été posée conformément aux indications ci-dessus, on procédera à la pose de la file intérieure de la manière suivante: le

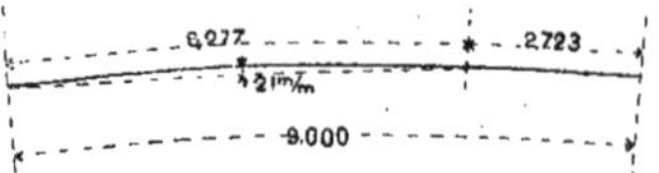

rails contre-aiguille sera plié à 560 ᵐ/ᵐ de son extrémité intérieure suivant croquis de l'aiguille. L'écartement entre le bord intérieur du rail contre-aiguille et celui de l'aiguille opposée est, à ce point de 1ᵐ455. A partir de cet endroit, c'est-à-dire sur une longueur de

9,55 — 5,42 = 4ᵐ13, le rail contre-aiguille sera courbé ; le deuxième rail de 9ᵐ50 de longueur, ainsi que la première partie du rail de 9ᵐ55 sur une longueur de 2ᵐ10 est également en courbe de 249ᵐ637. Pour la disposition des ergots, voir l'alinéa relatif à la pose de la file extérieure.

19. POSE DU CROISEMENT.

L'appareil de croisement est suivi de deux bouts de rails de 2ᵐ66 chacun, ce qui permet de poser les quatre joints de deux voies entre deux traverses espacées de 0ᵐ55. Ces deux rails de 2ᵐ66 sont fixés, à l'extérieur, sur la traverse N° 35, par un coin en fonte E formant ergot spécial et entretoise. Les 2 rails de 9ᵐ00 et les 2 rails de 2ᵐ66 aboutissant au croisement en fonte dure, sont fixés à ce dernier par des éclisses extérieures à profil ordinaire, mais qui n'auront pas d'encoches sur l'aile horizontale. A partir de l'extrémité de rails de 2ᵐ66 les deux voies se continuent par des rails normaux à l'inclinaison de 1/20.

20. DETAILS DE L'AIGUILLAGE.

L'assemblage des rails avec les aiguilles est fait sur une selle spéciale commune. Le talon de l'aiguille est maintenu dans sa position par un ergot spécial boulonné à la plaque semelle et fixé en outre par un pivot ménagé sur la selle. L'écartement des rails contre-aiguilles et les rails suivant l'aiguille est maintenu sur les traverses Nᵒˢ 9 et 10 par des coins en fonte E et F (voir plan N° 3 coupe c-d) qui servent en même temps d'ergots spéciaux pour fixer ces rails intérieurement sur les traverses.

Des ergots ordinaires servent à maintenir la position des rails à l'extérieur.

Les aiguilles sont reliées entre elles par trois tringles boulonnées; la première de ces tringles porte un appendice à œil pour y appliquer la tringle de mouvement allant à l'appareil de manœuvre.

21. POSE DES CONTRE-RAILS.

En face du cœur on place les contrerails le long des rails de 9ᵐ55; ils ont pour but d'empêcher les boudins des roues de monter sur la pointe du cœur.

L'écartement entre la ligne de conduite du contrerail et l'arête conductrice du cœur doit être de 1ᵐ390. L'ornière ménagée entre le rail et le contrerail sera par conséquent de:

$$1,435 — 1,390 = 0ᵐ045.$$

Pour faciliter l'entrée des roues dans ces ornières, les extrémités des contrerails sont courbés sur une longueur de 0ᵐ80 au rayon de 6ᵐ00. Sur une longueur de 1ᵐ90, les rails sont parallèles. Les contrerails sont reliés aux rails par cinq coins avec boulons dont les deux extrêmes servent également d'ergots spéciaux pour fixer les rails et les contrerails sur les traverses.

Il faut apporter un soin tout spécial à l'assemblage des contrerails sur les selles spéciales; les ergots N° 0 devront être placés de manière à s'appuyer parfaitement sur les bords extérieurs des trous rectangulaires et être bien serrés dans cette position. Il est de la plus grande importance de veiller sur ce détail, pour éviter des cassures de boulons et de déplacements de contrerails.

22. POSE DES TRAVERSES SPECIALES.

Toutes les traverses intermédiaires ayant été trouées de prime abord, il ne faut qu'avoir soin de les mettre en place selon leur désignation (elles seront munies de repères, à cet effet) et de s'assurer que les ergots nécessaires soient mis en place avec soin, en faisant surtout attention à ce que le dos des ergots du côté extérieur des rails soit appuyé parfaitement sur le bord des trous.

Les traverses spéciales de changement s'étendent sur une longueur de voie de:

$$3 \times 9,55 + \frac{1}{2} + 0,55 \times 3 + 0,90 = 31ᵐ,625 ;$$

à partir de ce point, qui se trouve à 6ᵐ925 derrière la pointe du cœur, les traverses normales recommencent.

Les positions droite et gauche étant entendues, l'observateur se trouvant placé à la pointe des aiguilles, regardant vers le cœur, chacune des traverses spéciales portera un numéro d'ordre variant de 1 à 44 ; le numéro du changement ; une lettre D et une lettre G, indiquant à la position respective de ses extrémités. Ces repères seront poinçonnés à sec à l'intérieur et sur la partie plane supérieure de chaque traverse.

23. APPAREIL DE MANŒUVRE.

Le bâti du levier de changement est fixé par des boulons sur une traverse de 4m00 de longueur. L'axe de ce châssis sera placé à 2m25 de l'axe de la voie en alignement.

On devra donner un jeu suffisant au petit levier à bras commandant la tige de signal. Le levier de manœuvre devra dévier de la même mesure des deux côtés de la verticale ; la lanterne tournera de 90°. Les diverses indications données par la lanterne suivant les positions de l'aiguille sont indiquées dans la feuille N° 6. L'aiguille devra s'appliquer exactement sous le champignon du rail contre-aiguille.

Lorsque deux changements doivent raccorder deux voies parallèles de 4m50 de distance d'axe en axe, les pointes mathématiques des cœurs sont à une distance de 16m30 l'une de l'autre.

L'écartement des centres des changements de voie est de 45m00 et l'écartement des joints précédant les changements est de

$$45 + 2 (4,93 + 5,42) = 65^m,70.$$

24. LONGUEUR TOTALE DU CHANGEMENT.

Le changement complet entre le joint précédant l'aiguillage et le joint suivant le cœur a une longueur de 28m65, de sorte qu'un changement peut être placé à n'importe quel point de la voie courante en enlevant 3 rails normaux de 9m55.

25. PLAN SCHÉMATIQUE DES CHANGEMENTS DE VOIE.

Le schéma qui suit indique la manière de dessiner les croisements et de les coter sur les plans généraux des stations et haltes.

Plan schématique des changemerts de voie.

Echelle : 1/1000.

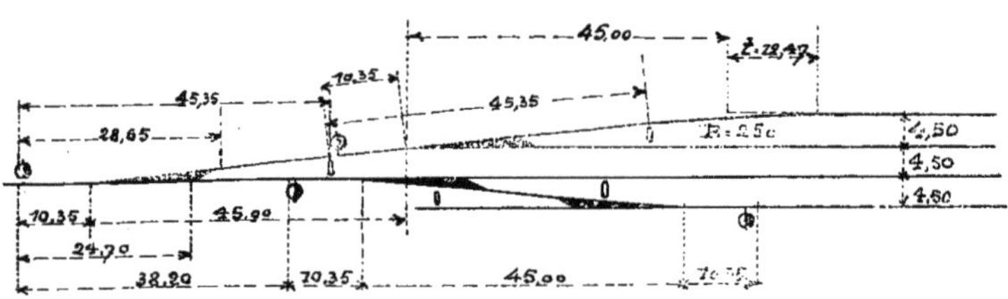

tangente = 0,1
angle = 5°38'43"

Tableau des Eléments des Raccordements paraboliques, flèches des rails, etc.

(Voie de 1m50)

Vitesse à l'heure 60 kilomètres.

$$y = \frac{x^3}{120}, \quad d = \frac{60.000}{R}, \quad m = \frac{16.667.000}{R^3}, \quad l = \frac{20.000}{R}$$

ÉLÉMENTS CONSIDÉRÉS (Longueur du rail : 9m55)

	ÉLÉMENTS CONSIDÉRÉS	R = 2000	1500	1000	900	800	700	600	550	500	450	400
Mètre	Distance à partir de l'origine de la parabole = O......											
Millimètre.	Ordonnée de la parabole = O......											
»	Flèches à donner aux rails dans le 1er quart de la parab.	1	1	1	2	2	2	2	3	3	3	4
Mètre	Distance à partir de l'origine de la parabole 1/4......	2,50	3.33	5	5,55	6,25	7,14	8,33	9,09	10	11,11	12,50
Millimètre.	Ordonnée de la parabole......	0	0	1	1	2	3	5	6	8	12	16
»	Flèches à donner aux rails dans le 2e quart de la parab...	2	3	4	5	5	6	7	8	9	10	11
Mètre	Distance à partir de l'origine de la parabole 1/2. - Origine de la courbe primitive.	5	6,66	10	11,11	12,50	14,28	16,60	18,18	20	22,22	25
Millimètre.	Ordonnée de la parabole $m/2$......	15	20	30	33	37	43	50	54	60	66	75
»	Flèches à donner aux rails dans le 3- quart de la parab.	4	5	7	8	9	10	12	13	14	16	18
Mètre	Distance à partir de l'origine de la parabole 3/4 l....	7,50	10	15	16.66	18,75	21,42	25	27,27	30	33.33	37,50
Millimètre.	Ordonnée de la parabole......	4	8	28	38	55	81	130	169	225	308	439
»	Flèches à donner aux rails dans le 4e quart de la parab.	5	7	10	11	12	14	17	18	20	22	25
Mètre	Longueur totale de la parabole de raccordement l.....	10	13.33	20	22.22	25	28,57	33,33	36,36	40	44,44	50
Millimètre.	Ordonnée de la parabole au point F......	8	20	67	91	130	195	308	.391	533	729	1041
»	Déplacement latéral de la courbe m......	2	5	17	23	32	48	77	100	133	182	260
»	Flèches à donner aux rails dans la courbe proprement dite......	6	8	11	12	14	16	19	21	23	24	28

(Voie de 1m50)

Vitesse à l'heure 40 kilomètres.

$$y = \frac{x^3}{80}, \quad d = \frac{40.000}{R}, \quad m = \frac{7.407.000}{R^3}, \quad l = \frac{13.333}{R}$$

ÉLÉMENTS CONSIDÉRÉS (Longueur du rail ; 9m55)

	ÉLÉMENTS CONSIDÉRÉS	R = 1000	900	800	700	600	550	500	450	400	350	300	275
Mètre	Distance à partir de l'origine de la parabole = O......												
Millimètre.	Ordonnée de la parabole = O......												
»	Flèches à donner aux rails dans le 1er quart de la parab.	1	1	2	2	2	2	3	3	3	4	4	5
Mètre	Distance à partir de l'origine de la parabole 1/4......	3,33	3.70	4 16	4.76	5,55	6,06	6,66	7,40	8.33	9.72	11.11	12.12
Millimètre.	Ordonnée de la parabole......	5	6	9	13	21	28	37	51	72	115	154	171
»	Flèches à donner aux rails dans le 2e quart de la parab.	3	4	5	6	7	8	9	10	10	11	13	15
Mètre	Distance à partir de l'origine de la parabole 1/2. - Origine de la courbe primitive.	6,66	7.40	8.33	9,52	11,11	12.12	13.33	14.81	16,66	19.54	22,22	24.24
Millimètre.	Ordonnée de la parabole $m/2$......	20	22	25	28	34	37	40	44	50	57	67	73
»	Flèches à donner aux rails dans le 3e quart de la parab.	6	7	8	10	11	12	13	15	17	19	22	24
Mètre	Distance à partir de l'origine de la parabole 3/4 l....	10	11.10	12.49	14:28	16.66	18.18	20	22.21	25	29.26	33,33	36,36
Millimètre.	Ordonnée de la parabole......	13	17	24	36	58	76	100	137	195	314	461	603
»	Flèches à donner aux rails dans le 4e quart de la parab.	10	11	12	13	16	17	19	22	24	27	31	34
Mètre	Longueur totale de la parabole de raccordement l.....	13.33	14.81	16.66	19.04	22.22	24.24	26,66	29.62	33.33	38,09	44 44	48.48
Millimètre.	Ordonnée de la parabole au point F......	29	41	58	86	137	177	235	324	461	691	1094	1426
»	Déplacement latéral de la courbe m......	7	10	14	22	34	44	59	81	116	174	274	356
»	Flèches à donner aux rails dans la courbe proprement dite......	11	12	14	16	19	21	23	24	28	32	38	40

	ÉLÉMENTS CONSIDÉRÉS (Longueur du rail : 9m55)	(Voie de 1m50) Vitesse à l'heure **25 kilomètres.** $y = \dfrac{x^3}{50}$, $d = \dfrac{25.000}{R}$, $m = \dfrac{2.890.000}{R^3}$, $l = \dfrac{8.333}{R}$				
	R =	250	225	200	180	160
Mètre.....	Distance à partir de l'origine de la parabole = O......					
Millimètre.	Ordonnée de la parabole = O......................					
»	Flèches à donner aux rails dans le 1er quart de la parab.	6	6	7	8	9
Mètre....	Distance à partir de l'origine de la parabole 1/4.......	8,33	9,25	10,41	11,57	13,02
Millimètre.	Ordonnée de la parabole.....................	115	158	225	312	439
»	Flèches à donner aux rails dans le 2e quart de la parab.	17	19	21	23	26
Mètre.....	Distance à partir de l'origine de la parabole 1/2. – Origine de la courbe primitive.	16,66	18,51	20,83	23,14	26,04
Millimètre.	Ordonnée de la parabole $m/_2$.	50	55	63	70	78
»	Flèches à donner aux rails dans le 3e quart de la parab	29	32	36	40	44
Mètre.....	Distance à partir de l'origine de la parabole 3/4 l......	25	27,76	31,24	34,71	39,06
Millimètre.	Ordonnée de la parabole......	312	429	607	837	1195
»	Flèches à donner aux rails dans le 4e quart de la parab.	40	44	50	56	62
Mètre.....	Longueur totale de la parabole de raccordement l.....	33,33	37,03	41,66	46,29	52,08
Millimètre.	Ordonnée de la parabole au point F.................	738	1013	1450	1985	2828
»	Déplacement latéral de la courbe m..	185	253	361	495	705
»	Flèches à donner aux rails dans la courbe proprement dite...............	46	48	56	63	70

TABLEAU

indiquant la disposition des ergots pour obtenir le surécartement successif des Rails dans les Paraboles de Raccordement

POSITION DES ERGOTS				Désignation des combinaisons	Rayon de courbes et nombres de traverses correspondant aux différentes combinaisons d'ergots													
Rail intérieur		Rail extérieur																
Côté extérieur	Côté intérieur	Côté intérieur	Côté extérieur		R=1200	R=1100	R=1000	R=900	R=800	R=700	R=600	R=550	R=500	R=450	R=400	R=350	R=300	R=275
3	0	0	3	a	8	8	8	8	8	8	8	8	8	8	8	8	8	8
2	1	0	3	b	3	5	6	7	8	8	8	8	8	8	8	8	8	8
2	1	1	2	c					1	4	7	8	8	8	8	8	8	8
1	2	2	1	d								1	4	7	8	8	8	8
1	2	3	0	e											2	7	7	7
0	3	3	0	f													7	11

La première colonne horizontale après l'entête (combinaison A) correspond avec l'origine de la parabole de raccordement, côté de l'Alignement, et la dernière avec la fin de la parabole de raccordement, côté de la Courbe.

ORDRE DE SERVICE N° 19.

JOURNAL DES TRAVAUX.

Il est très important pour la Régie Générale de se rendre un compte aussi précis que possible de la marche suivie par les différentes entreprises, des résultats auxquels elles ont abouti, principalement au point de vue des conditions dans lesquelles elles se sont développées, de la rapidité de l'exécution et des prix réels de revient qui en ont été la conséquence.

A cet effet, MM. les Sous-Chefs et Conducteurs tiendront un journal dans lequel seront consignées au fur et à mesure de leur avancement toutes les dates et sommes de toute nature concernant l'exécution des travaux.

Ce journal contiendra les mêmes titres que ceux des rapports hebdomadaires, à savoir:

TERRASSEMENTS.

Il sera réservé à chaque groupe important, en tranchée ou remblai, une feuille de deux pages, l'une en regard de l'autre.

On indiquera le kilométrage du groupe, celui des parties en remblai ou en tranchée, le cube des déblais de la tranchée et leur emploi en remblai, en cavalier ou en dépôt, le cube de remblai provenant d'emprunt, les distances de transport et leur direction, la nature des matériaux des tranchées, les quantités de terre, sable ou gravier distraites du cube des déblais.

DEBLAIS.

On signalera, dans la limite du possible, les faits suivants:

Exécution du travail à la journée, à la tâche ou par tâcheron ayant sous-traité;

Prix auxquels ces travaux ont été donnés;

Qui fournit le matériel de transport et l'outillage?

La date de l'attaque des travaux;

Leur durée;

Le nombre de jours ouvrables pendant lesquels il a été travaillé;

Le nombre moyen d'ouvriers **par jour** et le nombre total des journées employées;

Le prix de la journée;

Le prix de la main-d'œuvre par mètre cube;

Le prix total du mètre cube de déblai qui en résulte.

TRANSPORT DES DEBLAIS:

On notera, en ce qui concerne le transport des déblais:

Par brouette:

Rapport entre le nombre de brouettes et celui des ouvriers;

Cube moyen transporté par jour et par brouette;

Longueur moyenne de transport.

Par wagonnets.

Ecartement de la voie.

Poids des rails;

Contenance des caisses;

Nombre de chargements par jour pour les différentes longueurs de transport;

Cube transporté en moyenne par wagonnet et par jour;

Rapport entre le nombre de wagonnets et celui des ouvriers;

Longueur maxima du transport;

Longueur des voies.

Autres modes de transport.

Pour les transports qui pourraient être faits par tombereaux, camions, chars à bœufs ou buffles, à dos de cheval et de mulet, on fournira des renseignements analogues en ayant soin de noter les distances parcourues pour les bêtes chargées et non chargées.

FOISONNEMENT.

On notera:

Le surhaussement donné aux remblais et le rapport entre le cube du remblai surhaussé et celui du déblai.

DIVERS.

On notera, en outre:

Les travaux accessoires, mise en train, redans et préparation du sol;

Les bancs de rocher rencontrés dans les tranchées en terre, les blocs isolés débités à la poudre;

Dressement des talus, règlement de la plateforme, fossés;

Prix de revient de ces travaux au moyen des journées employées et de leurs prix.

OUVRAGES D'ART.

Pour les ouvrages d'art courants, il suffira d'une page par ouvrage, et pour les aqueducs ou grands ouvrages, de deux ou de plusieurs.

OUVRAGES D'ART. — VOUTES ET METALLIQUES ET MURS DE SOUTENEMENT MAÇONNES.

On notera au journal:

La position kilométrique, les dimensions principales, et notamment la hauteur entre le dessus du rail et la retraite;

Le mode de construction;

La date du commencement des travaux;

La date de l'achèvement;

Le nombre de jours ouvrables entre ces deux dates;

La nature du sol et du fond de la fouille;

La profondeur des fondations au-dessous du terrain naturel;

Le nombre de journées employées pour les fouilles;

La composition des équipes, maçons et manœuvres;

Les conditions de transport de l'eau;

La provenance, la qualité et le coût du sable;

Le rapport entre les journées de maçon et le cube des maçonneries;

Le prix des journées;

La chaux hydraulique ou le ciment employés;

La forme, les dimensions et l'espacement des cintres, ainsi que l'épaisseur des couches pour se rendre compte du prix de revient des cintres;

Le prix de revient du mètre cube des différentes maçonneries basé sur les renseignements ci-dessus et tous autres.

TUNNELS.

Des renseignements de même nature seront notés pour les tunnels, pour lesquels on aura soin de noter séparément les dates d'attaque de la galerie, de la calotte, du strass et des piédroits, ainsi que celles des maçonneries de la calotte, des piédroits, et d'indiquer le profil type des différents anneaux, les dates d'achèvement, etc.

TRAVAUX DE DEFENSE ET DE CONSOLIDATION A SEC.

Ces travaux donneront lieu aux mêmes indications que les ouvrages d'art, et il sera particulièrement intéressant de se rendre compte des différences entre les prix de revient de la maçonnerie sèche, des blocages et des enrochements et du prix de la main-d'œuvre.

APPROVISIONNEMENTS.

Pour tous les ouvrages, on notera, en ce qui concerne les approvisionnements :

La provenance des matériaux ;

La nature des pierres ;

Le mode d'exécution du travail (à la tâche ou à la journée) ;

La distance et le mode de transport ;

Le prix de revient de la main-d'œuvre ;

Les prix de revient des différents matériaux.

BATIMENTS.

Les renseignements à fournir concernant la date d'attaque et la nature des fondations, la durée des travaux, le nombre de journées employées pour les différentes natures d'ouvrages, leur mode d'exécution, leur prix de revient, ainsi que celui des matériaux employés, dont on notera la provenance et les conditions de transport.

BALLASTAGE ET POSE DE VOIE.

On indiquera :

La provenance et le prix de revient du ballast en première couche, la nature du transport, le nombre de chars, bêtes ou hommes et femmes employés ; le nombre d'ouvriers employés à la pose, le prix de revient de la main-d'œuvre employée à la pose de la voie, des changements de voie, etc.

OBSERVATION GENERALE.

Malgré l'apparence de complication que peut donner, à première vue, la lecture de la nomenclature générale ci-dessus, la tenue de ce journal n'occasionnera pas à MM. les Sous-Chefs de Section et Conducteurs un travail supplémentaire appréciable, à la condition qu'ils inscrivent leurs observations et les renseignements demandés au fur et à mesure de l'avancement des travaux.

Ils seront, au contraire, tout naturellement et sans effort, amenés à donner, au moment voulu, leur attention à des questions du plus grand intérêt, et dont les détails sont trop souvent négligés par les Ingénieurs, et ils en tireront journellement des enseignements précieux.

MM. les Chefs de Section, de leur côté, devront se rendre compte eux-mêmes des frais d'installation des Entrepreneurs, du coût de leur matériel et de leurs faux frais (agents, entretien, réparations) ; ils réuniront ces renseignements également dans un journal qui formera le complément du premier. Il va de soi qu'ils doivent se les procurer aussi exactement que possible, par leurs propres moyens, et sans les demander, en aucun cas, officiellement, aux Entrepreneurs qui n'ont, en aucune façon, l'obligation de les fournir.

MM. les Ingénieurs en Chef surveilleront la tenue de ces journaux et les viseront tous les mois à l'occasion de leur tournée.

ORDRE DE SERVICE N° 20.

SITUATIONS MENSUELLES

AVEC LA COMPAGNIE CONCESSIONNAIRE.

L'établissement des situations mensuelles avec la Compagnie concessionnaire est réservé à l'Ingénieur en Chef, auquel les Chefs de Section, Chefs du matériel et de dépôts doivent adresser, à la date qui leur est indiquée ci-après, les états de quantités qui lui serviront de base (voir Ordre de service n° 4).

Pour l'établissement de cet état dressé sur l'imprimé spécial n° 7, MM. les Chefs de Section, Chefs du matériel et de dépôt, se serviront des cubes ou poids exacts, mais arrondis, résultant des situations faites pour les Entrepreneurs à la date du 15 du même mois, et s'arrangeront d'ailleurs pour qu'ils parviennent à l'Ingénieur en Chef au plus tard le 15 du même mois.

Ils se conformeront pour chaque article aux principes généraux suivants:

ETUDES.

On indiquera la longueur cumulée par lot pour laquelle le projet tachéométrique est terminé, les chiffres arrondis à 100 mètres.

EXPROPRIATIONS.

On indiquera la longueur cumulée par lot des parties expropriées, les chiffres arrondis à 100 mètres.

TERRASSEMENTS.

Les fouilles au-dessus de la retraite et celles des défenses sont portées dans les terrassements comme tranchées. Les cubes sont arrondis à 100 mètres cubes par lot et par catégorie.

FONDATIONS.

Les fouilles au-dessous de la retraite pour ouvrages d'art sont portées dans la catégorie « Déblais de fondations avec épuisements ». Les enceintes et batardeaux comprennent tous les boisages ainsi que les pilotis.

Les cubes des terrassements et déblais de fondations sont arrondis à 10 mètres cubes dans chaque lot et les cubes des boisages à 1 mètre cube.

MAÇONNERIES.

Les voûtes et chapes font partie de la maçonnerie en élévation, ainsi que les murs hourdés de soutènement et toute autre maçonnerie hourdée pour perrés, garde-fous et autres. On comprendra dans la maçonnerie en moellons piqués les libages et dalles ainsi que la maçonnerie en briques s'il y en a.

Les maçonneries en béton pour fondation, élévation et maçonneries spéciales seront portées dans les catégories de maçonneries correspondantes.

Tous les cubes seront arrondis à 10 mètres cubes par lot, la pierre de taille à 1 mètre cube.

TRAVAUX DE DEFENSE.

Les surfaces des remblais en pierres, arrangés à la main, seront portées dans la catégorie des murs à sec, comme perrés de 0,20 d'épaisseur.

Tous les cubes de cette catégorie sont arrondis à 10 mètres cubes par lot.

TUNNELS.

Les cubes sont à arrondir à 10 mètres cubes pour les déblais et à 1 mètre cubè pour les maçonneries.

BALLASTAGE COMPLET.

On porte la longueur de voie complètement ballastée arrondie à 100 mètres par lot.

Les longueurs de voies secondaires des stations ne devront pas être portées en situation; par contre, le ballast approvisionné devra y être porté.

TABLIERS METALLIQUES MONTES.

Les renseignements sont fournis par les Ingénieurs du matériel et Chefs de dépôt chargés de la surveillance de la Régie des ponts.

RAILS, TRAVERSES ET ACCESSOIRES.

Les renseignements sont fournis par les Ingénieurs du matériel et chefs de dépôt. les quantités sont arrondies à la tonne.

TRANSPORT ET POSE.

(Voie posée.) Les Chefs de Section indiqueront la longueur de voie principale posée, à l'exception de la longueur des voies secondaires qui ne devront pas être portées en situation; par contre, les approvisionnements en matériel devront y être portés.

MATERIEL FIXE.

On y comprendra le télégraphe, les ponts tournants et à bascule, les réservoirs d'alimentation définitifs, les grues hydrauliques et les changements de voie. Les Sections indiqueront le nombre de kilomètres de télégraphe posés et le nombre de ponts tournants et à bascule, de réservoirs, grues et changements de voie montés.

BATIMENTS.

On indiquera l'avancement global des bâtiments d'une station ou d'une maison d'équipe ou de garde, en centièmes, 0/0 par exemple. Station de . . . . , 43 0/0. Maison d'équipe kilomètre . . . . , 25 0/0, en comparant le montant des travaux exécutés avec le devis descriptif annexé au contrat de l'Entrepreneur.

APPROVISIONNEMENTS.

CHAUX HYDRAULIQUE EN MAGASIN.

Cette catégorie comprend la chaux hydraulique et le ciment de Portland se trouvant dans les dépôts de la Régie Générale, aux ports de débarquement. On arrondira les chiffres à 1 tonne.

CHAUX HYDRAULIQUE TRANSPORTEE A PIED D'OEUVRE.

Cette catégorie comprend la chaux et le ciment de Portland se trouvant dans les magasins des Entrepreneurs; on arrondira les chiffres à 1 tonne.

CHAUX GRASSE A PIED D'OEUVRE.

Les cubes à arrondir à 1 mètre cube par lot.

MOELLONS BRUTS.

Cette catégorie comprendra, en outre des moellons bruts, la pierraille approvisionnée pour béton. Les cubes sont à arrondir à 10 mètres cubes par lot.

PIERRE DE TAILLE.

Les cubes sont à arrondir à 1 mètre cube par lot.

MOELLONS PIQUES.

Les moellons piqués comprendront les libages, dalles et briques; les cubes seront arrondis au mètre cube par lot.

BOIS ET CHARPENTES.

On y portera tous les bois portés en compte aux Entrepreneurs comme approvisionnements arrondis à 1 mètre cube.

TABLIERS METALLIQUES ET ACCESSOIRES.

Les renseignements sont fournis par les Ingénieurs du matériel et les Chefs de dépôt. Le tonnage des tabliers non montés soit au dépôt, soit à pied d'œuvre, y compris les rivets, etc., est à porter sous cette rubrique; le tonnage sera arrondi à 1 tonne.

FERS DE TOUTE NATURE.

Les magasins porteront tous les fers d'une nature quelconque approvisionnés dans les dépôts, par exemple ponts à bascule, ponts tournants, réservoirs, grues, changements de voie, boulons, essieux et pièces de rechange, poteaux et fils télégraphiques; le tonnage sera arrondi à une tonne.

SABLE ET BALLAST.

Les cubes à porter par les Chefs de Section seront arrondis à 10 mètres cubes par lot.

RAILS, TRAVERSES ET ACCESSOIRES.

Les renseignements sont fournis par les Ingénieurs du matériel et Chefs de dépôt, en ce qui concerne tout le matériel existant, soit en dépôt sur la ligne, soit dans les voies provisoires, dans les voies secondaires des stations, dans les ballastières ou autres, et à l'exclusion seulement de celui posé dans les voies principales.

ORDRE DE SERVICE N° 21.

INSTRUCTIONS SUR LA COMPTABILITE.

Suite de l'Ordre de Service N° 5, Comptabilité et Caisses.

PIÈCES COMPTABLES.

La comptabilité proprement dite sera tenue par la Direction.

Toutes les pièces comptables, après vérification par le Chef de la comptabilité, seront approuvées en dernier ressort par le Diercteur des Travaux; cependant, pour éviter les retards que pourraient entraîner les difficultés des correspondances postales, les Ingénieurs en Chef sont autorisés à faire payer d'urgence les états d'appointements fixes du personnel ainsi que les feuilles de paie des agents temporaires et des hommes de service autorisés.

Ils pourront également faire payer d'urgence les mandats d'expropriations, mais autant que possible seulement quand le titre rectifié leur aura été délivré.

Aucune pièce comptable ne doit être arrêtée en toutes lettres par les caissiers comptables de divisions, ce soin incombant au Service de la Comptabilité de la Direction.

Les pièces de recettes et les mandats de paiements doivent être clairement rédigés et contenir les indications nécessaires pour que le Service de la Comptabilité puisse facilement appliquer aux différents chapitres et articles de la classification toutes les sommes qui figureront sur ces pièces ; c'est-à-dire que les dépenses ou les recettes applicables à divers chapitres ou articles ne devront jamais être confondues dans une même somme.

Les états de journée devront mentionner dans la colonne « Observations » l'emploi exact des jours de travail, et quand un ou plusieurs ouvriers auront été occupés à des travaux de différentes natures, on aura soin d'indiquer le nombre de journées affectées à chaque nature de travail. Ces états doivent toujours être émargés par les parties prenantes qui savent signer ou possèdent un cachet. Les paiements faits aux illettrés ou ne possédant pas de cachet doivent être certifiés par deux témoins à la paie et autant que possible étrangers à la Régie Générale.

Tous paiements à des fournisseurs devront être justifiés par le bon de commande et le procès-verbal de réception qui seront annexés à la pièce de dépense.

Les situations des Entrepreneurs seront arrêtées à la date du 15 de chaque mois et seront expédiées assez tôt pour que la Direction les reçoive le 25 du même mois au plus tard, munies de toutes les signatures indiquées à l'imprimé.

Chaque situation sera réglée au moyen d'un certificat de paiement qui sera dressé par les soins de la Comptabilité de la Direction et comprendra tous les mandats à payer et toutes les factures à retenir à l'Entrepreneur de sorte qu'il sera arrêté à la somme nette à payer, laquelle sera portée en dépense par la caisse qui en aura effectué le paiement.

Il est bien entendu qu'en dehors des certificats de paiement et des avances accordées par la Direction, aucune opération d'argent ne doit être faite avec les entrepreneurs par les caisses auxiliaires.

En conséquence de ce qui précède, les mandats à payer aux Entrepreneurs ainsi que les factures à leur retenir devront arriver à la Direction en même temps que les situations. Les Chefs de Section, les Ingénieurs du matériel et Chefs de dépôts doivent donc les adresser à leur Ingénieur en Chef respectif assez tôt pour que ce dernier puisse les envoyer à la Direction en même temps que les situations à la date indiquée plus haut.

Les certificats de paiement devront être retournés à la Direction dès qu'ils seront acquittés par les Entrepreneurs.

Le Caissier les remplacera au bordereau de caisse par une fiche. Il en sera de même pour les mandats payés à titre d'avance.

Il ne sera pas fait de retenue de garantie aux tâcherons pour les travaux peu importants ou de courte durée.

CAISSES AUXILIAIRES.

Afin d'assurer le service des paiements, il sera établi, outre la Caisse de la Direction, des caisses auxiliaires aux sièges des Ingénieurs en Chef.

Ces caisses seront approvisionnées par les soins de la Direction, sur la demande faite par les Ingénieurs en Chef, qui devront adresser le 15 de chaque mois à la Direction leur demande de fonds pour le mois suivant en ayant soin d'indiquer les dates auxquelles ces fonds doivent leur parvenir et sans tenir compte des situations des Entrepreneurs dont le montant sera envoyé par la Direction en même temps que les certificats de paiement. Cette demande est indépendante de l'état de prévision qui doit être envoyé à la Direction en même temps que la Situation Compagnie.

Les Caisses devront être vérifiées par les Ingénieurs en Chef assistés des Caissiers-comptables au moins une fois par mois et à des dates indéterminées.

Un procès-verbal sera dressé pour chaque vérification et envoyé à la Direction.

CAISSIERS COMPTABLES DE DIVISION.

Les Caissiers-comptables de Division sont spécialement chargés de veiller à ce que les instructions du présent Ordre de Service sur la Comptabilité soient rigoureusemnet et régulièrement observées par les agents des Sections.

Ils doivent conformer leurs écritures de caisse aux observations et instructions qui leur seront données par la Comptabilité de la Direction des Travaux.

Ils sont tenus spécialement et sous leur responsabilité personnelle de signaler immédiatement toutes erreurs ou irrégularités et de faire toutes observations qui pourraient leur être suggérées par l'examen des pièces comptables de leur Division.

Dans le cas où ils estimeraient que des ordres donnés par la Direction ou par leurs supérieurs reposent sur des malentendus ou sur une fausse application des Ordres de Service généraux ou des Conventions, ils doivent le signaler aussitôt à l'Ingénieur en Chef de leur Division ; le cas échéant, et tout en exécutant les ordres qui leur sont donnés, ils doivent présenter leurs observations sous la forme d'une note signée, que l'Ingénieur en Chef doit transmettre à la Direction avec ses observations.

Chaque pièce payée ou encaissée porte un numéro d'ordre qui se reproduit sur le bordereau ainsi que la date du paiement ou de l'encaissement. La fiche de remplacement doit porter le numéro de la pièce qu'elle remplace.

Les numéros sont progressifs et simplement mensuels, c'est-à-dire que les séries des numéros recommencent chaque mois.

REMBOURSEMENT DES DEPENSES FAITES PAR LES AGENTS.

La Régie Générale tenant essentiellement à ce que toutes les sommes dues au personnel lui soient payées aussi promptement que possible, les agents devront demander le remboursement de ces sommes à la fin de chaque mois, de manière que ce remboursement soit effectué au plus tard le mois suivant.

Toute demande de remboursement présentée après ces délais sera refusée sauf toutefois impossibilité de les présenter à temps, reconnue par les Ingénieurs en Chef.

SERVICE DES FONDS.

Les fonds expédiés aux Caisses auxiliaires sont portés en dépenses par la Caisse Centrale au débit de la Caisse à laquelle ils sont adressés ; celle-ci les porte en recette au moyen d'un mandat d'encaissement, et en accuse réception à la Direction par une lettre spéciale, le jour même de la réception.

Les Caissiers auront bien soin de vérifier le contenu des groups au moment où ils en prennent livraison, la poste n'acceptant plus aucune responsabilité dès que les groups sont sortis de chez elle.

ENVOI DE PIECES.

Chaque Caisse enverra à la Direction :

1°) Les 8, 15, 22, 30 ou 31 de chaque mois, l'état du mouvement de sa Caisse (Imprimé n° 39), en ayant soin de donner le détail du solde en caisse. Les espèces en caisse qui y sont indiquées ne devront comprendre aucune somme en suspens ; quand, exceptionnellement, il y en aura, on devra en indiquer le détail.

2°) Tous les quinze jours, les pièces de comptabilité de la quinzaine, savoir:

Celles de la première quinzaine, le 17 de chaque mois.

Celles de la deuxième quinzaine, le 2 du mois suivant.

Ces délais sont de rigueur.

Les pièces de la deuxième quinzaine seront toujours accompagnées d'un relevé des sommes déjà ordonnancées restant en suspens pour un motif quelconque.

Ce relevé devra indiquer pour chaque pièce, la dépense ou la recette qui en fait l'objet et cela d'une manière succincte, mais cependant assez claire pour que la Comptabilité puisse appliquer la classification.

3°) Le 30 ou 31 de chaque mois :

a) Un tableau du personnel auxiliaire à la journée, de toute la Division et divisé par service.

Ce tableau devra indiquer les noms, prénoms et fonctions de chaque employé, la date de l'entrée en service, ainsi que la date du licenciement, le salaire journallier ainsi que le montant des allocations journalières accordées pour entretien de cheval, âne, etc...

b) Un tableau indiquant les noms, prénoms et fonctions de tous les agents logés dans les maisons ou baraquements appartenant à la Régie Générale, ainsi que la part mensuelle de loyer leur incombant.

4°) Chaque trimestre :

Un tableau général de tout le personnel de la Division (Imprimé n° 124) divisé par Section.

On aura soin d'indiquer dans la colonne Observations, toutes les mutations survenues d'un trimestre à l'autre, ainsi que les augmentations accordées, avec la date où elles ont pris cours et le numéro de la lettre par laquelle elles ont été accordées ; les mêmes indications seront données pour les indemnités spéciales (entretien de chevaux, voitures, etc.)

ENVOI DE FONDS PAR LES AGENTS OU PAR LES ETRANGERS.

Les Caissiers sont autorisés à accepter des agents les sommes que ceux-ci désirent leur verser pour être payées en France ou à l'étranger.

Ces versements seront acceptés au commencement de chaque mois seulement et seront passés en recette au moyen d'un seul mandat d'encaissement auquel sera annexé un décalque du bordereau des versements, l'original devant être envoyé à la Direction où il doit parvenir au plus tard le 10 de chaque mois.

Les Caissiers peuvent également recevoir des étrangers et à n'importe quelle époque, les sommes payables au Siège de la Direction exclusivement.

Les Caissiers délivreront, sur papier à lettre avec en-tête, pour chaque versement, un reçu qui devra être visé par l'Ingénieur en Chef.

En même temps, avis sera donné de ces versements à la Direction.

Plusieurs versements peuvent être avisés par la même lettre.

PREVISION DES DEPENSES.

L'état de prévision des dépenses, dressé suivant les indications de l'imprimé mod. n° 40 sera adressé à la Direction en même temps que la situation mensuelle « Compagnie », au sujet de laquelle des instructions sont données par l'Ordre de Service n° 20.

Cet état doit être dressé pour les dépenses de deux mois et expédié à la Direction à la date du 25 de chaque mois, en même temps que les situations « Compagnie ».

La première colonne « Sommes à payer » comprendra tous les paiements qui devront être effectués dans le mois qui suit celui pendant lequel on dresse l'état, et la deuxième colonne, ceux qui devront être effectués le mois d'après.

Les sommes qui figurent dans la première colonne doivent être à peu près exactes, le montant des situations des Entrepreneurs étant connu à la date du 25. Celles de la deuxième colonne ne sont qu'une évaluation. Elles doivent être reportées le mois suivant dans la première colonne telles qu'elles ont été prévues, si, par hasard, elles se trouvent exactes, modifiées dans le cas contraire.

Voici un exemple pour plus ample explication :

Le 25 octobre, on dressera l'état de prévisions des dépenses d'octobre, à payer en novembre et celles de novembre, à payer en décembre.

La première colonne « Sommes à payer » devra donc indiquer les frais généraux et les expropriations de novembre et le montant détaillé des situations des Entrepreneurs au 15 octobre, toutes ces dépenses devant être payées en novembre.

La deuxième colonne indiquera les frais généraux et les expropriations de décembre, et l'évaluation du montant des travaux qui seront exécutés du 20 octobre au 20 novembre.

Ainsi de suite, pour les mois suivants.

Il est absolument nécessaire que ces deux documents parviennent à la Direction au plus tard le 28 de chaque mois.

INVENTAIRES.

Un inventaire des instruments sera dressé le 30 juin et un inventaire des instruments et du mobilier, le 31 décembre de chaque année.

Chaque Ingénieur en Chef est responsable des instruments en service dans son arrondissement. En conséquence, il devra, à la fin de chaque semestre, grouper dans un seul inventaire tous les instruments se trouvant dans les Sections ou les dépôts sous ses ordres et adresser cet inventaire à la Direction. Il conservera par devers lui ceux qui lui seront fournis par les Sections ou par les dépôts.

Les instruments seront indiqués à l'inventaire par nature sans tenir compte de leur position dans les Sections ou les dépôts.

Il en sera de même du mobilier.

Il y a lieu cependant d'expliquer dans les colonnes « Observations » les différences existant entre les quantités figurant à l'inventaire présenté et le précédent.

L'inventaire des magasins sera dressé au 31 décembre de chaque année dans l'ordre suivant :

MATERIEL ROULANT

Locomotives et tenders,

Wagons,

Wagonnets de service

PIECES DE RECHANGE

Pour locomotives et tenders,

Pour wagons,

Pour wagonnets.

MATERIEL

Draisines et pièces de rechange.

Pompes et pièces de rechange,

Locomobiles et pièces de rechange,

Decauville et pièces de rechange, etc., etc.

Outillage,

Matières de consommation,

Mobilier et instruments,

Installations,

Matériel fixe,

Matériel de la voie.

Les installations doivent être indiquées séparément à chaque inventaire. Celles qui sont dans les dépôts figureront à l'inventaire de ce Service; les autres dans les inventaires des Sections dans lesquelles elles se trouvent.

ORDRE DE SERVICE N° 22.

MATERIEL — MAGASIN — ECONOMAT.

Le personnel attaché au service des dépôts et magasins, y compris les Ingénieurs du matériel et Chefs de dépôts, sont placés sous les ordres de l'Ingénieur en Chef de la division dans laquelle les dépôts et magasins sont installés.

RECEPTION.

A l'arrivée de toute marchandise achetée à l'étranger : matériel, outillage, matières de consommation, objets divers, etc., on procédera, au fur et à mesure du déchargement, à la reconnaissance de l'arrivage. Ce contrôle vise spécialement la provenance, la nature, les poids, dimensions et quantités des marchandises reçues ; il doit être effectué le plus promptement possible, mais en même temps *avec la plus scrupuleuse exactitude.*

CONNAISSEMENTS.

Les connaissements envoyés par la Régie Générale aux Ingénieurs en Chef seront adressés en communication aux dépôts ou magasins intéressés. Après débarquement et reconnaissance des marchandises arrivées, l'Ingénieur du matériel ou Chef de dépôt inscrira sur le connaissement qui lui a été transmis, ainsi que sur celui qui devra être remis au Capitaine, toutes les réserves et observations qu'il jugera devoir faire dans l'intérêt de la Régie Générale ; il y indiquera également, avec les détails les plus précis, les avaries et manquants imputables à l'affrêteur.

Par contre, s'il n'est constaté ni avaries ni manquants, l'Ingénieur du matériel ou le Chef de dépôt inscrira sur les deux connaissements la mention « Reçu conforme », suivie de la date et de sa signature.

Les connaissements complétés par les observations de l'Ingénieur du matériel ou Chef de dépôt et ceux reconnus conformes seront envoyés dans le plus bref délai à l'Ingénieur en Chef, qui les retournera sans retard à la Direction.

CONTESTATIONS ET SURESTARIES.

En cas de contestation sur les quantités débarquées, sur le mode de débarquement et sur les retards motivant des réclamations pour surestaries, l'Ingénieur du matériel ou le Chef de dépôt prendront toutes les mesures qu'ils jugeront utiles pour sauvegarder les intérêts de la Régie Générale en déterminant la part de responsabilité incombant soit au Capitaine du navire, soit à l'Entrepreneur du déchargement. Ils devront signaler immédiatement à l'Ingénieur en Chef les difficultés qui surgiraient et seraient de nature à nuire aux intérêts de la Régie Générale et à la bonne marche du service ; pourtant, en cas d'urgence, ils devront agir d'office en dressant un procès-verbal de constat, signé par eux, par une autorité locale (Capitaine de port, Agent supérieur de douane ou de police, etc.) et deux témoins étrangers à la Régie Générale.

PROCES-VERBAUX DE RECEPTION.

Aussitôt la vérification d'un arrivage terminée, on dressera le procès-verbal de réception — imprimé n° 105 — sur lequel on inscrira le nom du fournisseur, la provenance, la date de la facture, celle de la commande, le nom du navire, ou l'indication « arrivé par chemin de fer », la nature, les poids, dimensions et quantités des marchandises reçues, et on ajoutera, dans la colonne « Observations » du procès-verbal, la mention « Conforme » si les marchandises concordent exactement comme qualité, quantités et poids avec les factures des fournisseurs, dont les duplicata sont envoyés aux Magasins par les Ingénieurs en Chef qui les reçoivent de la Direction.

Par contre, si l'on constate, à la réception, des manquants et des avaries, on doit spécifier clairement, dans la colonne *ad hoc* du procès-verbal, la quantité des premiers et la nature des secondes en indiquant, autant que possible, s'ils sont imputables aux fournisseurs ou aux affréteurs ou s'ils se sont produits en cours de déchargement

Les procès-verbaux doivent être établis pour les quantités indiquées aux connaissements, mais de ces quantités on déduira les manquants et la différence seulement sera passée aux entrées du magasin.

On doit éviter avec soin d'inscrire sur un même procès-verbal de réception des marchandises de provenances ou de dates d'arrivée différentes. Un procès-verbal spécial doit être établi pour chaque achat, de façon à ce qu'il puisse être joint à l'appui de chacune des factures des fournisseurs.

Aussitôt dressés par le magasinier et signés par l'Ingénieur du matériel ou le Chef de dépôt, les procès-verbaux de réception seront envoyés en double exemplaire à l'Ingénieur en Chef qui, après les avoir visés, les transmettra à la Direction.

FICHES DE CASIERS.

Ces fiches — imprimé n° 110 — devront être fixées sur les rayons, armoires, casiers ou tas, où sont disposées les diverses marchandises après leur réception; elles porteront à la partie « Entrées » les mêmes indications de provenance, nature, quantités et poids que les procès-verbaux de réception.

Au fur et à mesure des livraisons faites à des tiers, au Service du matériel et aux Sections, on inscrira, sur la partie « Sorties », les dates des livraisons, les noms des parties prenantes, les quantités et poids des marchandises livrées.

Il est de la plus grande importance que les fiches de casier soient constamment tenues à jour, de façon à ce qu'on puisse constater avec facilité et à tout moment les quantités restant en magasin.

LIVRAISONS.

Aucune fourniture de matériel, d'outillage ou de matières de consommation ne pourra être faite sans un reçu (bon de livraison, Imprimé n° 106) régulièrement signé par la partie prenante.

Pour les livraisons faites aux Entrepreneurs, ces bons devront, en outre, être contre-signés par le Chef de la Section pour laquelle ils ont été émis.

Pour les fournitures faites aux services des Travaux et du Matériel, les bons de livraison seront signés par les Chefs de Section et par l'Ingénieur du matériel ou le Chef de dépôt.

Aucune fourniture de matériel, d'outillage ou de matières de consommation ne pourra être faite à des personnes étrangères à la Régie Générale, sans une autorisation spéciale de l'Ingénieur en Chef.

Les déchets de magasin et d'atelier, emballages, caisses, barils, riblons, tournure, limaille, etc., ne pourront être vendus sans une autorisation de l'Ingénieur en Chef, qui en fixera les prix de vente.

ACHATS LOCAUX.

Aucun achat ne pourra être fait par un magasin sans une autorisation spéciale de l'Ingénieur en Chef.

Dans le cas où un magasin aurait été autorisé à se pourvoir directement, les marchandises achetées devront faire l'objet de procès-verbaux établis dans la même forme et avec les mêmes détails que ceux relatifs aux achats faits à l'étranger, mais ils doivent être établis sur un carnet spécial.

MATERIEL LIVRE AUX SECTIONS

Le matériel livré aux Sections (petit matériel et outillage), ainsi que celui en emploi dans les ateliers et dépôts, sera considéré comme existant en magasin; il en sera tenu compte sur un livre auxiliaire, et, lors de la restitution, les manquants ou la moins-value seront facturés aux Sections ou au Service du matériel.

COMPTABILITE DU MATERIEL ET DES MAGASINS.

En outre des procès-verbaux de réception et des fiches de casier prescrites plus haut, on devra, dans chaque magasin, tenir constamment à jour les registres d'entrées et de sorties, dont un extrait sera envoyé à la Direction à la fin de chaque mois par les soins des Ingénieurs en Chef.

LIVRE D'ENTREES.

Le livre d'entrées sera tenu au moyen des procès-verbaux de réception *dont il doit être la reproduction exacte,* mais seulement en ce qui concerne les quantités et poids. Les prix seront inscrits ensuite lorsqu'ils auront été établis par la Comptabilité de la Direction.

On devra porter également à ce registre, mais pour mémoire et seulement comme quantités et poids, le matériel de voie (traverses, rails et accessoires), le matériel fixe (alimentations définitives, télégraphe et accessoires, changements et croisements de voie, ponts tournants, ponts à bascule, plaques tournantes, gabarits de chargement, poteaux de pentes et rampes, poteaux kilométriques et hectométriques, disques, signaux, barrières et clôtures et les ponts métalliques).

LIVRE DE SORTIES.

Le livre de sorties sera établi au moyen de bons de livraison. Si les prix de revient ne sont pas connus au moment de la livraison, on se bornera à y inscrire provisoirement les quantités et poids. Les prix seront inscrits ensuite, lorsqu'ils auront été déterminés par la Comptabilité de la Direction.

Comme il est dit plus haut, le matériel de voie, le matériel fixe et les ponts métalliques seront portés pour mémoire et comme quantités seulement au livre des sorties, au fur et à mesure des livraisons aux différentes Sections.

BONS DE COMMANDES.

Aucune commande d'objets mobiliers, de matériel, d'outillage ou de matières de consommation ne pourra être faite que sur un bon spécial — Imprimé n° 104 — signé par l'Ingénieur du matériel ou le Chef de dépôt et approuvé par l'Ingénieur en Chef.

Deux carnets seront ouverts pour les bons de commandes, un pour les achats locaux, un autre pour les acquisitions à faire à l'étranger. Ces deux séries de bons de commande porteront un numéro d'ordre progressif distinct.

Les bons de commande seront établis en triple expédition, dont une, la souche, à conserver au magasin, et deux à remettre à l'Ingénieur en Chef qui, après les avoir visés, les transmettra à la Direction.

Pour les commandes locales, un de ces bons, signé par l'Ingénieur en Chef, sera remis au fournisseur, qui devra le présenter à l'appui de sa facture, après livraison faite et acceptée par le magasin.

PIECES DE RECETTES.

A la fin de chaque mois, chaque magasinier établira en double exemplaire et adressera à l'Ingénieur en Chef dont il dépend des pièces de recettes individuelles — Imprimé n° 109 — pour les fournitures de chaux, de matières de consommation ou d'outillage, faites aux Entrepreneurs ou à des tiers pendant le mois. Les prix de vente qui, lors de l'établissement des pièces de recettes, n'auraient pas encore été indiqués aux magasins par la Comptabilité de la Direction, seront laissés en blanc.

Les locations de locomotives, wagons, wagonnets, pompes, etc., devront également figurer aux dites pièces de recettes. Les prix de location de matériel seront fixés par la Direction et communiqués au Service du magasin.

FACTURES DE MAGASIN.

Les factures de magasin — Imprimé n° 109 — seront dressées et envoyées chaque mois en double exemplaire à la Direction pour les fournitures de matières de consommation diverses, etc., faites aux différents services, ainsi que pour les transports du matériel de voie, matériel fixe, ponts métalliques, ballastage, etc.

Ces pièces seront établies séparément pour chaque Section et pour le Service du matériel.

Comme il a été dit précédemment, le petit matériel et l'outillage livré aux Sections devront être considérés comme existant en magasin et ne devront pas, par conséquent, figurer aux factures mensuelles. Ce n'est qu'à la fin des travaux que les manquants et les moins-values pour détérioration et usure seront facturés aux Sections.

SITUATIONS MENSUELLES DES APPROVISIONNEMENTS.

Le 15 de chaque mois, il sera dressé par chaque magasin un état détaillé indiquant le nombre et le poids des alimentations définitives, des changements et croisements de voie, du matériel télégraphique, des ponts tournants, des ponts à bascule, des plaques tournantes, des gabarits de chargement, des poteaux d'arrêt de rampes et pentes, des poteaux hectométriques et kilométriques, des disques et signaux, des barrières et clôtures, ainsi que le nombre, les dimensions et poids des rails, traverses et accessoires de voie, chaux, ciment et fers de toute nature se trouvant au magasin correspondant.

Cet état devra indiquer les quantités totales reçues, celles employées et celles restant en dépôt.

Pour les ponts métalliques, on indiquera le poids des ponts mis en place et celui des ponts en approvisionnement.

ETAT MENSUEL DE DEBARQUEMENT ET CHARGEMENT.

A la fin de chaque mois, il sera établi par chaque magasin et envoyé à l'Ingénieur en Chef, qui devra le faire suivre à la Direction, un état des débarquements effectués pendant le mois. On se servira pour cet état de l'Imprimé n° 35 (Etat des travaux exécutés à la tâche); tous les détails de nombres, poids, quantités, nom des navires, etc., devront y être signalés.

Les quantités et poids dont le débarquement est à payer à l'Entrepreneur seront ceux reconnus et portés aux procès-verbaux de réception et non ceux figurant aux connaissements.

Les chargements et déchargements seront également portés en détail au dit état ainsi qu'éventuellement les majorations prévues pour travail de nuit.

Les prix seront appliqués tant pour les débarquements que pour les chargements et déchargements conformément au marché passé avec l'Entrepreneur, mais l'arrêté de la somme à payer sera laissé en blanc.

L'état mensuel ci-dessus devra être accepté et signé par l'Entrepreneur avant d'être transmis à l'Ingénieur en Chef.

CARNETS D'ATTACHEMENT.

Un carnet d'attachement de journées sera tenu pour tous les travaux exécutés dans les magasins ou les ateliers; les gardiens de jour et de nuit, garçons de bureaux, etc., payés au mois devront y figurer.

Les totaux de chaque carnet en nombre d'heures, prix et sommes devront être conformes à ceux des états de journées désignés ci-dessous.

ETATS DE JOURNEES.

Tous les salaires pour travaux exécutés aux ateliers et dans les magasins, ainsi que ceux de gardiens et garçons de bureau devront être portés sur un état de travaux à la journée (Imprimé n° 34).

Les Ingénieurs du matériel et Chefs de dépôt devront joindre à cet état le détail des travaux exécutés, décomposé par sommes et présentant, bien entendu, un même total espèces que celui de l'état de journées, de façon à ce que l'application des dépenses de main-d'œuvre aux différents chapitres et articles de la classification puisse facilement être faite par la Comptabilité de la Direction.

BONS PROVISOIRES.

En principe, le règlement des ouvriers quittant les chantiers dans le courant du mois doit être fait par la caisse auxiliaire, sur la présentation d'un bon à souche — Imprimé n° 38 — signé par l'Ingénieur du matériel ou chef du dépôt. Toutefois, en cas d'urgence, les Ingénieurs du matériel et Chefs de dépôt pourront payer d'office ces bons provisoires, mais en ayant soin de faire apposer sur ces bons la signature, croix ou cachet de l'ouvrier réglé.

Tous les bons provisoires de règlement devront être joints à l'état de journées et inscrits sur ledit, dans la colonne « Emargements » avec la mention « Bon provisoire n°...., payé le .... ».

RAPPORT JOURNALIER DE MAGASIN.

Un rapport de magasin — Imprimé n° 111 — sera établi chaque jour et envoyé le lendemain à l'Ingénieur en Chef correspondant.

Ce rapport présentera à la partie « Entrées » le résumé sommaire des marchandises reçues ou débarquées pendant la journée.

Toutes les matières ou objets livrés seront inscrits en détail à la partie « Sorties ».

Sur la dernière feuille du rapport, le Chef du matériel ou le Chef de dépôt inscrira tous les renseignements intéressant le service, tels que le nombre d'hommes occupés aux ateliers et au magasin, heures de travail effectif, état de la température, accidents survenus, etc.

RAPPORT JOURNALIER DU SERVICE DES MACHINES.

Un rapport du service des machines — Imprimé n° 112 — sera également fourni chaque jour à l'Ingénieur en Chef. Toutes les indications intéressant ce service devront y être relatées dans les colonnes *ad hoc*, et entre autres les locations de locomotives et wagons à facturer aux Entrepreneurs.

Ces rapports seront réunis et envoyés hebdomadairement à la Direction.

SITUATION DES EXPLOSIFS, DE CHAUX HYDRAULIQUE ET DE CIMENT.

Un rapport hebdomadaire sur l'imprimé n° 113 sera dressé et envoyé à la Direction, donnant la situation des explosifs, de la chaux hydraulique et du ciment.

ECONOMAT POUR LE PERSONNEL DE LA REGIE GENERALE.

Pour faciliter aux Agents de la Régie Générale l'approvisionnement des vivres, boissons et objets divers en bonne qualité et à des prix acceptables, la Direction peut, dans certains cas et sur la proposition des Ingénieurs en Chef, décider de s'occuper des commandes des dits objets. Ils lui adresseront alors une fois par mois, une commande réunissant celles des Agents, dont la valeur en bloc sera portée au débit de la Caisse de la Division.

Les frais de transport des envois jusqu'au siège de la division sont, dans ce cas, pris à sa charge par la Régie Générale. Par contre, les frais de transport du siège de la Division à la résidence des Agents sont à leur charge.

A la fin de chaque mois, la Caisse de la Division retiendra aux Agents, sur leurs appointements, la valeur des marchandises fournies, en ne passant aucune écriture.

ORDRE DE SERVICE N° 23.

APPROVISIONNEMENT DES MAGASINS ET DEPOTS.

Le Service des Travaux, dépôts et magasins nécessite des commandes de toute nature qui sont à faire soit en Europe, soit, dans certains cas, sur place même.

Ces commandes peuvent être rapportées aux catégories suivantes :

1°) Matériel de voie (rails, traverses, accessoires). Matériel fixe (changements de voie, alimentations, ponts tournants, à bascule, etc.) ;

2°) Matériel des travaux et des dépôts. — Gros outillage. (Matériel roulant normal, matériel fixe et roulant pour voies étroites, pompes, locomobiles, appareils de sondage, machines-outils pour dépôts, wagonnets, draisines, etc.) ;

3°) Chaux et ciment ;

4°) Fournitures de bureau, imprimés, instruments géodésiques ;

5°) Matériel des hôpitaux, instruments de chirurgie, médicaments, alimentation ;

6°) Matières de consommation (fers, aciers, cuivres, quincaillerie, outils divers, etc.) ;

7°) Matières de consommation (charbon, huiles, graisses, déchets, produits chimiques, etc., etc.).

1re CATEGORIE. — MATERIEL DE VOIE ET MATERIEL FIXE.

Approvisionnée par les soins de l'Administration Centrale.

La Direction doit fournir, dès que cela lui est possible, des bons de commande réguliers avec indication des détails obligatoires calculés suivant les besoins du programme d'exécution.

2e CATEGORIE. — MATERIEL DES TRAVAUX.

Approvisionnée par les soins de l'Administration Centrale suivant les besoins indiqués par des bons de commande dressés en temps utile par la Direction et qui doivent contenir tous les renseignements utiles à la commande, force, dimensions, dessin type s'il y a lieu ; enfin toutes les conditions auxquelles doit satisfaire la fourniture ou rappeler une fourniture identique déjà faite et porter l'indication du délai dans lequel la livraison doit avoir lieu à.......

3e CATEGORIE. — CHAUX ET CIMENT.

La Direction doit envoyer à l'Administration Centrale, au fur et à mesure de ses besoins, ses bons de commande, en tenant compte que les envois ne doivent pas être inférieurs à 5 ou 600 tonnes, qu'on doit disposer d'un délai d'au moins deux mois entre la date de la demande et celle fixée pour la livraison.

Il est recommandé d'ailleurs à la Direction de faire ses demandes aussi importantes et aussi longtemps d'avance que le lui permettent la marche des travaux et la puissance d'emmagasinement dont elle dispose, et qui doit être telle qu'elle puisse assurer régulièrement l'approvisionnement des chantiers sans recourir à des demandes d'urgence qui, si elles devaient se produire, ne pourraient être justifiées que par des circonstances extraordinaires qui ne pouvaient pas être prévues.

4e CATEGORIE. — FOURNITURES DE BUREAU, ETC.

Les fournitures de bureau sont en général demandées par la Direction à l'Administration Centrale ; il est recommandé d'établir les bons de commande de cette nature en prévoyant les besoins pour une période d'une certaine durée et d'éviter les commandes insignifiantes qui ne permettent pas d'obtenir des fournisseurs des rabais sérieux et augmentent les frais de transport par la division des envois.

Il n'est pas possible de fixer à priori des limites pour chaque article, et on ne peut que recommander que les commandes soient étudiées dans ce sens.

Les imprimés, à l'exception des carnets d'attachement, journaux et livres de comptabilité, sont approvisionnés jusqu'ici par les soins de la Direction; il n'y a pas de raison pour ne pas persévérer dans ce mode de faire; toutefois, dans le cas où la Direction trouverait utile, pour certains imprimés, de s'adresser à l'Administration Centrale, elle devra grouper ses besoins pour commander le maximum d'unités.

5ᵉ CATEGORIE. — MATERIEL DES HOPITAUX, ETC.

Les demandes pour le matériel des hôpitaux, les instruments de chirurgie devront être adressées à l'Administration Centrale, de façon à laisser le plus de temps possible pour l'exécution.

La Direction est autorisée à se procurer les médicaments de la façon qu'elle reconnaîtra la plus sûre et la plus avantageuse, soit sur les lieux, soit en s'adressant à l'Administration Centrale au moyen de bons de commande.

6ᵉ CATEGORIE. — METAUX, OUTILS.

Les bons de commande de métaux, quincaillerie, outils, etc., devront être adressés à l'Administration Centrale qui y pourvoiera; toutefois, il est entendu que dans les cas d'urgence ou d'occasions favorables, la Direction pourra se procurer sur place ce dont elle aura besoin, mais elle devra informer l'Administration Centrale des achats qu'elle a faits et des prix qu'elle a obtenus.

7ᵉ CATEGORIE. — MATIERES, CHARBON, HUILES, ETC.

En ce qui concerne ces approvisionnements, c'est à la Direction qu'il incombe d'étudier l'approvisionnement de ses magasins et dépôts dans les meilleures conditions, soit en les achetant sur place ou dans la région, soit en les demandant à l'Administration Centrale.

Toutefois, dans le cas de commandes importantes, même pour les matières susceptibles d'être achetées sur place, elle devra toujours s'adresser à l'Administration Centrale en accompagnant sa demande des renseignements sur les prix qu'elle peut obtenir sur place ou dans la région, et mettre ainsi celle-ci en mesure de décider ce qu'il convient de faire.

OBSERVATIONS GENERALES.

L'approvisionnement des chantiers, magasins et dépôts nécessite une étude attentive et soutenue; les achats ne doivent pas être faits au jour le jour et au moment où les besoins se manifestent, mais ces besoins doivent être prévus aussi longtemps que possible d'avance.

Il faut éviter, dans toute la mesure du possible, les commandes d'urgence et par télégramme; il est évident, cependant, qu'elles ne peuvent être proscrites d'une façon absolue et que des incidents imprévus peuvent les imposer. Dans ce cas, tout le possible sera fait, mais il ne faut pas perdre de vue qu'alors il peut y avoir impossibilité de satisfaire à la demande en temps utile.

En règle générale, tous les achats à faire en Europe doivent l'être par l'intermédiaire de l'Administration Centrale, à moins que celle-ci n'en décide autrement dans des cas particuliers, d'après les renseignements et sur les propositions de la Direction.

Pour les objets susceptibles d'être achetés sur place ou dans la région par la Direction, celle-ci en dehors des achats courants et de peu d'importance, ainsi que des cas d'urgence dans lesquels elle agit sous sa responsabilité, doit adresser à l'Administration Centrale ses demandes et ses propositions.

Les bons envoyés à l'Administration Centrale doivent être toujours bien clairs, contenir tous les renseignements de nature à éviter les correspondances explicatives et indiquer bien nettement la date de livraison nécessaire.

ORDRE DE SERVICE N° 24.

INSTRUCTIONS

CONCERNANT L'EXPLOITATION DES HOPITAUX.

Complément de l'Ordre de Service N° 11.

EXPLOITATION DES HOPITAUX.

ALIMENTATION DES MALADES.

Les marchés que MM. les Ingénieurs en Chef auront à passer avec les cantines pour l'alimentation des malades dans les hôpitaux seront faits sur la base de la série de prix ci-dessous:

SERIE DES PRIX DES REGIMES ALIMENTAIRES POUR UNE JOURNEE DE MALADE.

Hôpital de ....

Diète premier degré:

    4 portions de 300 gr. de bouillon ou de lait.........................Frs. 0,50

Diète deuxième degré:

    Pain, 300 gr. — Poulet ou viande rôtie, 300 gr.
    Deux potages au riz de 300 gr. chacun.   }   Frs. 0,75
    Fruits crus ou cuits, légumes.

Diète troisième degré:

    Pain, 600 gr. Poulet ou viande rôtie, 300 gr.
    Pilaf, 600 gr. Deux potages au pain de 300 gr. l'un.   }   Frs. 1,00
    Légumes et fruits.

Extras:

    Vin, ration de 300 gr. ....Frs. 0,30
    Café, thé, miel 0,30
    Œufs 0,50
    Côtelette 0,50
    Pommes de terre 0,30
    Confitures 0,50
    Chocolat 0,30
    Petits pois, haricots 0,50

Une majoration ou un rabais en pour cent pourront être faits sur les prix ci-dessus suivant les exigences des fournisseurs et suivant les conditions locales.

BON DE COMMANDE.

La commande de la nouriture sera faite journellement par bon de commande de nourriture (Imprimé modèle n° 93) remis par le médecin au cantinier.

Ce bon sera visé par ce dernier et, après réception, le Médecin y mentionnera ses observations quant à la bonne qualité et à la quantité prescrites. Ce bon sera remis ensuite au Chef de Section.

C'est sur la base de ces bons que la Section dressera, le 15 de chaque mois, le mandat de paiement en faveur du cantinier, lequel devra être réglé dans la huitaine.

BLANCHISSAGE.

Le blanchissage du linge d'hôpital devra se faire une ou deux fois par mois, suivant le besoin, et être traité également à forfait à raison de 0 fr. 10 environ la pièce.

DOCUMENTS A DRESSER PAR LES CHEFS DE SECTION.

Le 15 de chaque mois, à l'aide des indications qui lui seront fournies par le Médecin, le Chef de Section dressera les mandats de paiement de nourriture, de blanchissage et de menues dépenses, ainsi que les pièces de recettes (Imprimé modèle n° 88) sur les Entrepreneurs établies en conformité avec ce qui est dit ci-dessous.

Les pièces de recettes sur les Entrepreneurs contresignées par le Médecin et visées par l'Ingénieur en Chef seront dressées en triple exemplaire, dont deux, envoyés en même temps que la situation de l'Entrepreneur, ne comprendront aucun détail, tandis qu'au troisième exemplaire à envoyer à la Direction, on annexera toutes les pièces de détail.

Les pièces de recettes ne comprendront que trois paragraphes et seront libellées comme suit:

M. ...., Entrepreneur du lot n° ......, doit ....

mois du 16............... au 15 ....

	TOTAL francs
1°) Participation aux frais généraux du service de l'Hôpital	
2°) Remboursement de la valeur des médicaments fournis sur la ligne.	
3°) Remboursement de journées de malades traités à l'Hôpital :	
a. — Journée d'agent, 4 francs.............................	
b. — Journées d'ouvriers, 2 fr. 50	
Total	

Tout décès d'agent ou d'ouvrier européen faisant partie du personnel de la Régie Générale ou de celui des Entrepreneurs qui surviendrait dans l'un des hôpitaux ou sur les travaux doit être avisé, sans délai, au Consulat respectif le plus voisin, à l'aide de l'imprimé spécial conforme à celui ci-dessous.

Les indications en blanc de cet imprimé devront être remplies par le Médecin de l'hôpital qui, après l'avoir signé, remettra l'avis de décès au Chef de Section.

Après visa du Chef de Section et de l'Ingénieur en Chef, cet avis sera envoyé au Consulat correspondant par les soins de la Direction des Travaux.

Dans le cas où l'on aurait quelque doute sur le nom ou tout autre renseignement exigé par l'imprimé, les indications correspondantes devront être écrites au crayon seulement, étant entendu que, dans ce cas, ce sont les consulats qui compléteront les indications douteuses.

A défaut de Médecin, l'avis de décès peut être établi par le prêtre qui a fait l'enterrement.

On devra rechercher avec soin sur le corps et dans les effets tous papiers tels que passeport, teskéré, livret militaire ou de caisse d'épargne, acte de naissance, lettres, etc., etc., qui peuvent servir à établir l'identité du décédé.

Dans le cas où il se trouverait des économies en argent, livret de caisse d'épargne ou valeurs quelconques, on devra les recueillir avec soin et envoyer au Consulat respectif le plus voisin, par l'entremise de l'Ingénieur en Chef, tous les papiers, sommes, effets et hardes du décédé.

REGIE GENERALE

DE

Chemins de Fer

———

CONSTRUCTION DE LA LIGNE

de ....

———

................SECTION

AVIS DE DECES

———

Le soussigné ....

déclare que le .... du mois de......... 19....., à.............. heures, est décédé le

sieur ....

âgé de ....

né à ....

domicilié à ....

exerçant la profession de ....

fils de ....

et de ....

époux de ....

.............., le .... 19..

Le Chef de la Section,

Nous rappelons à MM. les Ingénieurs de Division et de Section que l'Administration et la surveillance des hôpitaux font aussi bien partie de leur service que l'exécution des travaux proprement dits, et nous les prions de porter toute leur attention sur ce qui concerne le service sanitaire de leurs parcours.

Dans chacune de leurs tournées, MM. les Ingénieurs en Chef devront visiter les Hôpitaux de leurs Divisions et se rendre compte du bon état d'entretien de l'Hôpital et de la qualité comme de la nature des aliments, en prenant, en ce qui concerne ce dernier point, des informations directes auprès des malades.

ORDRE DE SERVICE N° 25.

INSTRUCTIONS DIVERSES

1°) ACCIDENTS SURVENUS SUR LES TRAVAUX.

Le règlement sur la police des chemins de fer exige que les accidents ayant pour suite des blessures ou mort d'homme, arrivés sur les lignes en construction ou en exploitation soient portés immédiatement à la connaissance du Commissaire du Gouvernement.

MM. les Chefs de Section devront donc, le cas échéant, adresser à la Division un rapport que celle-ci transmettra au Commissaire Impérial.

Il y aura lieu de donner connaissance du présent Ordre de service aux Entrepreneurs, qui devront, de leur côté, aviser le Chef de Section de tout accident survenu sur leurs chantiers.

Faute par eux de se soumettre à cet ordre, les Entrepreneurs subiront, quelles qu'elles soient, les amendes qui pourraient être infligées par le Ministère des Travaux publics.

D'autre part, les accidents engageant la responsabilité de la Régie Générale et pouvant lui causer un préjudice moral, il est essentiel qu'on ne puisse jamais invoquer une négligence de la part des Agents de tous ordres conduisant les travaux.

Nous rappelons donc à tous les Agents de la Régie Générale qu'il est de leur devoir d'exercer une surveillance efficace à ce point de vue spécial et de veiller strictement à l'exécution, tant de la part des Entrepreneurs que de la part des ouvriers, de toutes les mesures de prudence possibles.

Tout accident doit donner lieu à une enquête faite immédiatement par le Chef de Section et le Médecin. Le rapport sur l'accident transmis à l'Ingénieur en Chef, lequel avise à son tour la Direction, doit contenir un avis motivé permettant de déterminer les responsabilités.

2°) TACHERONS.

L'article 16 du contrat défend aux Entrepreneurs de céder des travaux à des tiers; cependant si, en pratique, la Régie Générale, dans des cas particuliers, tolérait des tâcherons, il serait nécessaire de rappeler ce paragraphe aux Entrepreneurs, et de les prévenir que cette tolérance ne porte aucune atteinte au droit qu'a la Régie Générale d'appliquer quand il lui convient, et à tout instant, et dans toute leur rigueur, les dispositions dudit article.

Les tâcherons tolérés doivent être traités et considérés comme des Agents de l'Entrepreneur, et le mot « tâcheron » ne devra jamais être employé dans la correspondance avec les Entrepreneurs.

Aucune situation, ni métré, ni pièces de quelque nature que ce soit, ne pourront être communiqués à des tâcherons.

En cas de demande des autorités judiciaires ou d'un Entrepreneur qui se trouverait en discussion avec un tâcheron, les Sections, après autorisation préalable de l'Ingénieur en Chef, pourront remettre à l'Entrepreneur une situation certifiée, mais sans indication de prix.

3°) BARAQUES DES ENTREPRENEURS.

En général, les Entrepreneurs n'ont pas le droit d'établir des baraques sur les terrains qui sont expropriés définitivement et deviendront propriété de la Compagnie concessionnaire.

Dans le cas où cependant un Entrepreneur désirerait établir une baraque sur l'emplacement de la deuxième voie, ou aux abords d'une gare, il devrait en demander l'autorisation à l'Ingénieur en Chef.

Cette autorisation peut lui être accordée, sous condition qu'il déclare dans sa demande qu'il démolira ladite baraque au plus tard huit jours après en avoir reçu l'ordre, sans qu'il en résulte un droit d'indemnité quelconque.

L'Entrepreneur ne pourra, non plus, vendre la baraque à des tiers sans l'autorisation de la Régie Générale, à moins qu'il ne s'agisse d'une vente devant être suivie immédiatement de démolition.

Dans le cas où l'Entrepreneur ne se conformerait pas aux ordres de la Régie Générale, celle-ci se réserve le droit de faire démolir la baraque sans nouvel avis, et de vendre les matériaux pour couvrir les frais de la démolition.

Cet Ordre de service doit être communiqué aux Entrepreneurs qui en accuseront réception.

Les demandes et les autorisations seront adressées à la Direction.

4°) JETONS.

Certains Entrepreneurs essayent d'employer, pour faire la paye de leurs ouvriers, des jetons au lieu de numéraire.

C'est là une infraction aux prescriptions de l'article 11 du contrat, au sujet de laquelle aucune tolérance ne pourra être admise, et MM. les Ingénieurs sont invités à faire retirer immédiatement de la circulation des jetons qui seraient émis par les Entrepreneurs sur leurs chantiers.

L'attention de MM. les Ingénieurs est en outre appelée sur le second paragraphe du même article 11, relatif à l'alimentation des ouvriers.

5°) ALIMENTATION DES OUVRIERS.

L'obligation pour les Entrepreneurs de pourvoir à l'alimentation de leurs ouvriers ne doit pas tourner au monopole. Il est interdit aux Entrepreneurs de supprimer la concurrence ou de forcer les ouvriers à acheter chez certains cantiniers déterminés. C'est ce monopole que le libellé du texte de l'article 11 du contrat a voulu éviter, et c'est un point sur lequel l'attention de MM. les Ingénieurs en Chef ne saurait être trop appelée. Ils doivent s'assurer fréquemment dans leurs tournées que les vivres mis à la disposition des ouvriers sont de bonne qualité et de prix convenable.

6°) DEBAUCHAGE DES OUVRIERS.

Aussitôt qu'un Entrepreneur sera déclaré adjudicataire des travaux d'un lot quelconque, MM. les Chefs de Section devront le prévenir que la Régie Générale ne tolère pas le débauchage d'ouvriers entre les Entrepreneurs.

Cette mesure est prise en vue d'éviter une cause d'instabilité de la population ouvrière, et une hausse injustifiée du prix de la main-d'œuvre sur les chantiers.

Dans le cas où des faits de débauchage viendraient à se produire, l'Entrepreneur lésé devrait immédiatement les signaler aux Ingénieurs en Chef, en indiquant exactement les noms des débaucheurs et des Entrepreneurs pour le compte desquels ces agents opèrent.

MM. les Ingénieurs en Chef devront, de leur côté, en prévenir la Direction et donner leur avis sur l'importance et les conséquences des cas de débauchage, la Régie Générale se réservant de prendre à l'égard de l'Entrepreneur délinquant telles mesures que de droit.

7°) BRIGANDAGE.

Dans le cas où un Agent ou un Entrepreneur serait, sur les travaux, la victime d'un attentat, on procédera ainsi qu'il suit:

1°) Le Chef de Section avertira par écrit l'autorité locale, en précisant l'heure, l'endroit et les détails, la nationalité du sujet et des personnes présentes;

2°) L'Agent ou l'Entrepreneur transmettra, par l'Intermédiaire de la Section, à l'Ingénieur en Chef, et celui-ci au Consul compétent, une plainte directement rédigée par lui;

3°) L'Ingénieur en Chef transmettra à l'autorité locale, et en même temps au Commissaire du Gouvernement, l'avis écrit de l'incident;

4°) L'Ingénieur en Chef informera la Direction qui écrira au Ministère des Travaux publics;

5°) Lorsque l'attentat sera plus grave qu'une tentative isolée, le Chef de Section devra avertir télégraphiquement la Direction et lui envoyer ensuite, par le canal de l'Ingénieur en Chef, une plainte écrite pour l'Ambassade;

6°) Copie de toutes les pièces précitées devront être adressées à la Direction dans le plus bref délai possible.

Nous n'avons pas besoin d'insister sur la nécessité, dans ce cas, d'une procédure régulière et d'informations rapides.

Il faudra, en outre, insister pour que tous les Agents, Entrepreneurs et Agents d'Entrepreneurs soient inscrits sur les registres de leurs Consulats respectifs, afin d'éviter que les démarches diplomatiques deviennent plus difficiles, faute de cette précaution.

MM. les Chefs de Section sont priés de renseigner MM. les Ingénieurs en Chef par état spécial de la nationalité des Agents sous leurs ordres, Agents du cadre ordinaire et Agents auxiliaires ou temporaires, ainsi que des Entrepreneurs et de leurs Agents et d'indiquer sur cet état les Agents enregistrés à leurs Consulats respectifs et d'insister pour que les autres Agents régularisent leur situation à ce point de vue dans le plus bref délai possible.

Copie de ces états devra être envoyée à la Direction.

8°) VOYAGES PAR LES TRAINS DE MATERIEL SUR LA LIGNE EN CONSTRUCTION.

Pendant la circulation des trains de matériel, personne ne pourra se servir desdits trains sans un billet en règle.

Ces billets sont de deux catégories:

1°) *Permanents* (cartes rouges), pour les Employés et Agents de la Régie Générale;

2°) *Pour un seul parcours* (papier blanc) détaché d'un livre à souche pour les Entrepreneurs, leur personnel et les ouvriers.

Les billets permanents ne sont délivrés que par la Direction des Travaux.

Les billets pour un seul parcours seront délivrés par les personnes autorisées *ad hoc* et auxquelles un carnet à souche aura été remis.

Pour être valables, ces permis doivent porter la signature et le timbre d'un Chef de Section; ils seront recueillis par le Chef de train et épinglés au rapport journalier de la machine ayant fait le train.

On ne délivrera aux ouvriers que des permis leur permettant de se rendre sur les chantiers, et, seulement *dans des cas exceptionnels,* en sens contraire (afin de ne pas faciliter le départ des chantiers).

Les Chefs de train sont chargés de la police des trains; tout voyageur qui sera trouvé sur un train de matériel sans permis, donnera lieu à une amende infligée au Chef de train responsable, équivalente à une journée de son traitement.

9°) SERVICE POSTAL SUR LA LIGNE.

La Régie Générale organisera pour la correspondance un service de courriers assurant les communications entre les Divisions et les Sections et les résidences des Agents sur la ligne.

Le personnel de la Régie Générale et les Entrepreneurs sont autorisés à se servir de ces courriers, mais sans aucune responsabilité de la part de la Régie Générale pour pertes ou retards.

Le service sera gratuit pour le personnel de la Régie Générale, et se fera, pour les Entrepreneurs, moyennant une participation qui sera fixée par la Direction des Travaux.

Les lettres et plis arrivant de l'étranger pour les Agents ou Entrepreneurs qui désireraient recevoir leur correspondance par les courriers, sur la ligne, devront porter comme adresse:

Timbre

de **25** centimes

pour

l'étranger.

REGIE GENERALE DE CHEMINS DE FER

(Construction)

à ....

____

Pour Mr X. ....(profession) à............(localité)

NOTA. — Pour les correspondances destinées au personnel des Entrepreneurs, indiquer après le nom de la localité « ENTREPRISE X. »

EXEMPLE : Pour M. Joseph Renaud, surveillant à Baba, ENTREPRISE GIRODET.

Les lettres et plis des Agents et Entrepreneurs destinés à être expédiés par les courriers devront être remis aux bureaux des Sous-Chefs de Section ou des Chefs de Section pour être transmis par ces dernières à la Direction des Travaux.

Il est formellement interdit aux courriers d'accepter aucune lettre ou pli ailleurs que dans les bureaux sus-désignés, où les intéressés devront les faire déposer dûment affranchis.

Il ne pourra jamais être déposé dans les bureaux ni pli chargé, ni group. Seront également refusés tous plis pesant plus de cinq cents grammes.

Au départ des Sections, les lettres et plis seront inscrits dans des livrets que les courriers porteront sur eux, et chaque bureau donnera acquit, sur lesdits carnets, des pièces délivrées, et inscrira celles qui seront remises aux courriers.

Les journaux et autres imprimés analogues ne seront pas inscrits.

ORDRE DE SERVICE N° 26.

Répertoire des Imprimés nécessaires à l'Exécution des Travaux.

1   Mandat d'encaissement.

2   Livre de caisse.

3   Situation financière.

4   Répartition des dépenses.

5   Balance des comptes.

6   Etat comparatif des recettes et dépenses.

7   Situation des travaux et approvisionnements (Compagnie).

8   Ventilation des travaux.

9   Certificat de paiement.

10   Bulletin d'observation.

11   Prix de revient.

12   Fiche du personnel.

13   Décompte de la situation des travaux de l'entreprise.

14   Comptes-courants des banques.

15   Registre du personnel.

16   Relevé des travaux exécutés.

17   Décompte des Entrepreneurs.

18   Relevé des travaux exécutés par Section (quantités et sommes).

19   Décomposition des soldes créditeurs des Entrepreneurs.

20

21

22

23

24

25   Note (correspondance de service à service).

26

27

28

29

30

31   Mandat de paiement.

32   Pièce de recettte.

33   Etat de paiement des Agents (entêtes).

34   Etat de paiement des travaux à la journée (entêtes).

34 *bis* Etat de paiement des travaux à la journée (intercalaires).

35   Etat des travaux à la tâche (entêtes).

35 *bis* Etat des travaux à la tâche (intercalaires).

36   Etat des impayés.

37   Bordereau des pièces de recettes et de dépenses (entêtes).

37 *bis* Bordereau des pièces de recettes et de dépenses (intercalaires).

38   Bon provisoire.

39   Mouvement de caisse.

40   Etat de prévision des dépenses.

41   Situation des travaux (Entrepreneurs) (entêtes).

41 *bis* Situation des travaux (Entrepreneurs) (intercalaires).

42   Situation des travaux et approvisionnements (Régie Générale).

43   Mandat de paiement pour expropriations.

44   Etat récapitulatif des expropriations par Section.

45   **Règlement** concernant le Personnel et l'organisation des services de Construction et **Instructions** concernant l'exécution des travaux.

46   Contrat, série de prix et cahiers des charges pour l'infrastructure et les bâtiments.

47   Types d'infrastructure.

48   Modèles de plans et profils.

49   Rédaction des projets et calculs pour les aqueducs voûtés.

50   Types des bâtiments.

51   Bon d'admission à l'hôpital.

52   Permis de circulation.

53   Inventaire (entêtes).

53 *bis* Inventaire (intercalaires).

54   Déclaration d'expropriation.

55

56

57

58

59

60

61   Feuille de déplacement.

62   Rapport hebdomadaire des études.

63   Carnet tachéométrique (Fennel)

63 *bis* Carnet tachéométrique (Richer).

64   Carnet de nivellement.

65   Carnet pour profils en travers.

66   Métrés des terrassements (entêtes).

66 *bis* Métrés des terrassements (intercalaires).

67   Métrés pour ouvrages d'art (entêtes).

67 *bis* Métrés pour ouvrages d'art (intercalaires).

68   Tableau des pentes et rampes (entêtes).

68 *bis* Tableau des pentes et rampes (intercalaires).

69   Tableau des alignements et courbes (entêtes).

69 *bis* Tableau des alignements et courbes (intercalaires).

70   Nomenclature détaillée des principaux ouvrages d'art (entêtes).

70 *bis* Nomenclature détaillée des principaux ouvrages d'art (intercalaires).

71   Rapport journalier des travaux.

72   Rapport hebdomadaire pour l'avancement des travaux.

73   Tableau des terrains à exproprier (entêtes).

73 *bis* Tableau des terrains à exproprier (intercalaires).

74   Devis général.

75   Carnet d'attachement pour ouvriers.

76   Carnet d'attachement pour situations provisoires (entêtes).

76 *bis* Carnet d'attachement pour situations provisoires (intercalaires).

77   Carnet d'attachement définitif, petit.

78   Carnet d'attachement définitif, grand.

79   Etiquette pour carnet d'attachement.

80   Rapport médical mensuel.

81   Rapport journalier pour pose et ballastage.

82   Rapport mensuel des Divisions.

83   Visite contradictoire des travaux.

84   Etat descriptif des ouvrages d'art (entêtes).

84 *bis* Etat descriptif des ouvrages d'art (intercalaires).

85   Procès-verbal de bornage (entêtes).

85 *bis* Procès-verbal de bornage (intercalaires).

86   Feuille de visite quotidienne.

87   Statistique quotidienne

88   Fiche de malade   Service sanitaire.

89   Situation statistique

90   Situation des médicaments.

91   Demande d'entrée en franchise.

92   Avis de décès.

93   Bon de commande de nourriture.

94   Rapport à présenter à M. le Directeur des travaux.

95   Rapport hebdomadaire. Pose et ballastage.

96   Contrôle des ponts métalliques.

97

98

99

100

101   Livre de magasin.

102   Livre des entrées.

102 *bis* Extrait du livre des entrées (entêtes et intercalaires).

103   Livre des sorties.

103 *bis* Extrait du livre des sorties (entêtes et intercalaires).

104   Bon de commande.

105   Procès-verbal de réception.

106   Bon de livraison.

107   Carnet de pointage du dépôt.

108   Feuille de pointage.

109   Facture de magasin bleue.

110   Fiche de casier.

111   Rapport journalier du magasin.

112   Rapport journalier service machines.

113   Rapport hebdomadaire des explosifs, chaux et ciments.

114   Feuille de train.

115

116

117

118

119

120

121   Registre des entrées (correspondance).

122   Registre des sorties (correspondance).

123   Fiche de remplacement.

124   Tableau du personnel (entêtes)

124 *bis* Tableau du personnel (intercalaires).

125   Rapport hebdomadaire (pour la Direction.

126   Carte de circulation.

127   Offre pour adjudication.